MICHA RUFLIN, STEFAN WILLI



# WERKZEUGE
# DETAILHANDEL DHF

hep

hep
kompetent bilden

MIX
Papier aus verantwortungsvollen Quellen
FSC® C106616

FAIR
KOPIEREN
UND NUTZEN.
>> fair-kopieren.ch

Micha Ruflin, Stefan Willi
**Werkzeuge Detailhandel DHF**
ISBN edubase-ebook: 978-3-0355-2194-8
ISBN Print inkl. edubase-ebook: 978-3-0355-2193-1

Bibliografische Information der Deutschen Nationalbibliothek:
Die Deutsche Nationalbibliothek verzeichnet diese Publikation
in der Deutschen Nationalbibliografie; detaillierte bibliografische
Daten sind im Internet über http://dnb.dnb.de abrufbar.

1. Auflage 2022


hep-verlag.ch

# INHALT

# 1 MATHEMATISCHE EINFÜHRUNG

Wirtschaftliche Vorgänge erfasst man mit Worten und Zahlen. Da die Zahlen oft noch aufbereitet – sprich berechnet – werden müssen, benötigt man mathematische Werkzeuge. Dieses Lehrmittel beinhaltet alle theoretischen Grundlagen und mathematischen Werkzeuge, mit denen die rechnerischen Herausforderungen im Detailhandel gemeistert werden können.

## Zahlen

Zahlen schreiben wir in arabischen Zeichen (0, 1, 2 bis 9) auf. Innerhalb einer Zahl gibt es die Ziffern. So besteht z. B. die Zahl 1 436 aus den Ziffern 1, 4, 3 und 6.

### Grosse Zahlen

Grosse Zahlen werden mit Hochkommas oder mit Lücken in Dreierpakete unterteilt, damit sie besser lesbar sind.

| *Milliarden* | *Millionen* | *Tausender* | | | |
|---|---|---|---|---|---|
| *120* | *562* | *315* | *017* | → | *120'562'315'017* |

*In Worten:*

*Einhundertzwanzigmilliarden-fünfhundertzweiundsechzigmillionen-dreihundertfünfzehntausend-nullhundertsiebzehn*

### Kleine Zahlen

Kleine Zahlen werden in Bruchzahlen angegeben.

*In gemeinen Brüchen:*

| | | | | | | |
|---|---|---|---|---|---|---|
| $1/2$ | $1/3$ | $1/4$ | $1/5$ | $1/10$ | $12/100$ | $571/1000$ |

*In dezimalen Brüchen:*

| | | | | | | |
|---|---|---|---|---|---|---|
| *0,5* | *0,33* | *0,25* | *0,2* | *0,1* | *0,12* | *0,571* |

## Masse

Erst gemeinsam mit den Massen machen die Zahlen im wirtschaftlichen Umfeld einen Sinn. Eine Zahl mit Mass heisst Grösse (Zahl und Mass = Grösse, also beispielsweise Fr. 5.–, 4 kg, 33 cl usw.). Dank den Grössen lässt sich die Welt ausmessen, berechnen und bewerten.

**Wertmasse**
Die Wertmasse zur Bewertung der Ware (Preisnennung) spielen in der Wirtschaft eine wichtige Rolle.

*100 Rp. = Fr. 1.–    100 Cents = USD 1.–    100 Cents = EUR 1.–*

Zur Umwandlung wird das Komma um zwei Stellen verschoben.

**Gewichtsmasse**
Viele Preise beziehen sich auf das Gewicht der Ware.

| Tonnen, t | Kilogramm, kg | Gramm, g |
|---|---|---|
| 120 | 562 | 017 |

⟶ *120 562 017 g = 120 562,017 kg = 120,562017 t*

Die Umwandlung erfolgt durch das Verschieben des Kommas um je drei Stellen.

**Längenmasse**
Bei anderen Produkten wird der Preis durch die Länge, die Ausdehnung bestimmt.

| Kilometer, km | Meter, m | Millimeter, mm |
|---|---|---|
| 120 | 562 | 017 |

⟶ *120 562 017 mm = 120 562,017 m = 120,562017 km*

Bei den meistgebrauchten Längenmassen kann man ebenfalls durch Kommaverschiebung umwandeln.

**Hohlmasse**
Schliesslich ist auch das Volumen für die Preisnennung massgebend.

| Liter, l | Deziliter, dl | Zentiliter, cl | Milliliter, ml |
|---|---|---|---|
| 54 | 6 | 7 | 8 |

⟶ *54 678 ml = 5 467,8 cl = 546,78 dl = 54,678 l*

**Zeitmasse**
Nebst der Warenmenge und dem Warenwert muss natürlich bei der Arbeit auch die Zeit berücksichtigt werden. Zur Zeitmessung verwendet man alte Masse (mit 60er-Einteilung u. a.) und nicht moderne Dezimalmasse wie die oben stehenden (mit 10er-, 100er- und 1000er-Einteilung).

*1 Jahr = 12 Monate*
*1 Monat = 30 Tage*
*1 Tag = 24 Stunden*
*1 Stunde = 60 Minuten*
*1 Minute = 60 Sekunden*

## Runden

Das Runden von Resultaten wird nötig, wenn bei Ausrechnungen mit dem Taschenrechner sehr viele Stellen nach dem Komma bzw. Punkt auftreten.

Falls nicht anders angegeben, werden Frankenbeträge in diesem Lehrmittel auf zwei Stellen nach dem Komma gerundet, d. h. auf einen Rappen genau. Resultate in Prozent sind ebenfalls auf zwei Stellen nach dem Komma zu runden, falls nicht anders verlangt. Resultate in Kilogramm werden üblicherweise auf drei Stellen nach dem Komma gerundet.

Ist ein Resultat auf zwei Stellen zu runden, ist die dritte Stelle nach dem Komma massgebend. Stehen an der dritten Stelle nach dem Komma die Ziffern 0 bis 4, sind alle Ziffern nach der zweiten Stelle «abzuschneiden». Die Zahl wird also abgerundet.

*Beispiel 1:*

*Fr. 45.344999 = Fr. 45.34*

Stehen an der dritten Stelle nach dem Komma die Ziffern 5 bis 9, wird die zweite Ziffer um eins vergrössert. Die Zahl wird also aufgerundet.

*Beispiel 2:*

*Fr. 45.345999 = Fr. 45.35*

In der Praxis sind die Preise in der Schweiz meist auf fünf Rappen genau angegeben. Ist ein Resultat auf fünf Rappen zu runden, gehen Sie wie folgt vor:

*Beispiel 3:*

*Zu rundender Betrag: Fr. 45.274*

*Überlegen Sie sich, welcher Betrag (auf fünf Rappen genau) grundsätzlich infrage kommt, also unter und über dieser Zahl liegt:*

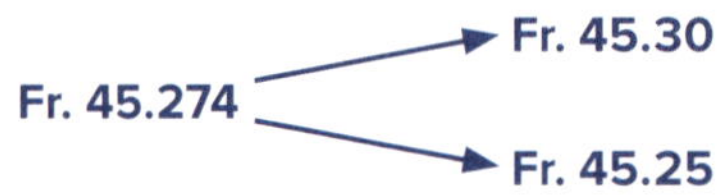


*Wo liegt exakt die Mitte der beiden Zahlen? Rechnen Sie dazu die beiden Zahlen zusammen und teilen Sie das Resultat durch zwei: (Fr. 45.30 + Fr. 45.25) : 2 = Fr. 45.275*

*Liegt die zu rundende Zahl exakt bei diesem Wert oder darüber, ist die Zahl auf Fr. 45.30 aufzurunden. Liegt die zu rundende Zahl tiefer als Fr. 45.275, ist die Zahl abzurunden.*

*Fr. 45.274 ist also abzurunden. Das korrekte Resultat lautet Fr. 45.25.*

Der Einfachheit halber machen wir ab: Schriftliche Rechnungen werden mit dem Rechner ganz durchgerechnet. Falls nichts anderes verlangt wird, werden die Schlussresultate auf zwei Stellen nach dem Komma gerundet. Resultate in Kilogramm oder Kilometer werden üblicherweise auf drei Stellen nach dem Komma gerundet.

**1.1 Setzen Sie in die folgenden Zahlen Hochkommas. Schreiben Sie diese Zahlen anschliessend in Worten auf.**

a) 305685 b) 932051405 c) 151543044705 d) 73989542108

a) .................................. b) .................................. c) .................................. d) ..................................

**1.2 Schreiben Sie die folgenden gemeinen Brüche ab und wandeln Sie sie in dezimale Brüche um.**

a) $\frac{1}{3}$ b) $\frac{1}{5}$ c) $\frac{2}{3}$ d) $\frac{2}{5}$
e) $\frac{3}{5}$ f) $\frac{4}{5}$ g) $\frac{1}{8}$ h) $\frac{3}{8}$
i) $\frac{1}{10}$ k) $\frac{3}{10}$ l) $\frac{7}{10}$

a) .................................. b) .................................. c) .................................. d) ..................................

e) .................................. f) .................................. g) .................................. h) ..................................

i) .................................. k) .................................. l) ..................................

**1.3 Kopieren Sie die folgenden dezimalen Brüche und wandeln Sie sie in gemeine Brüche um.**

a) 0,6 b) 0,63 c) 0,631 d) 0,05
e) 0,016 f) 0,71 g) 0,9531

a) .................................. b) .................................. c) .................................. d) ..................................

e) .................................. f) .................................. g) ..................................

**1.4 Schreiben Sie die vorgegebenen Wertmasse ab und wandeln Sie sie in das gesuchte Mass um.**

a) Fr. 12.50 = ? Rp. b) 325 Rp. = ? Fr. c) Fr. 305.05 = ? Rp.
d) 40532 Rp. = ? Fr. e) Fr. 98767.65 = ? Rp. f) $\frac{1}{4}$ Fr. = ? Rp.
g) $\frac{1}{5}$ Fr. = ? Rp.

a) .................................................. b) .................................................. c) ..................................................

d) .................................................. e) .................................................. f) ..................................................

g) ..................................................

**1.5 Schreiben Sie die folgenden Gewichtsmasse ab und wandeln Sie sie in das gefragte Mass um.**

a) 12,3 kg = ? g
b) 28,053 t = ? kg
c) 43 210 g = ? kg
d) 9 053 028 kg = ? t
e) 12 385 421 g = ? kg
f) ¼ kg = ? g
g) ⅛ kg = ? g

a) ..................... b) ..................... c) .....................

d) ..................... e) ..................... f) .....................

g) .....................

**1.6 Übernehmen Sie die folgenden Längenmasse und wandeln Sie sie in das gesuchte Mass um.**

a) 3,12 m = ? mm
b) 70 321 mm = ? m
c) 81 251 km = ? m
d) 20 312 m = ? km
e) 3,1 km = ? m
f) ¼ km = ? m
g) $\frac{1}{10}$ km = ? m

a) ..................... b) ..................... c) .....................

d) ..................... e) ..................... f) .....................

g) .....................

**1.7 Übertragen Sie die nachfolgenden Hohlmasse und wandeln Sie sie wie gewünscht um.**

a) 34,3 l = ? dl
b) 1 321 ml = ? l
c) 33 cl = ? l
d) 12 566 dl = ? l
e) ¼ l = ? ml
f) ⅕ l = ? dl
g) ⅓ l = ? cl

a) ............................................. b) ............................................. c) .............................................

d) ............................................. e) ............................................. f) .............................................

g) .............................................

**1.8 Schreiben Sie die untenstehenden Zeitmasse ab und wandeln Sie sie wie gesucht um.**

a) 1,5 Jahr = ? Monate
b) 7 Monate = ? Tage
c) 240 Tage = ? Monate
d) 1,5 Std. = ? Min.
e) 45 Min. = ? Std.
f) 180 Sek. = ? Min.
g) 375 Min. = ? Std.

a) ............................................. b) ............................................. c) .............................................

d) ............................................. e) ............................................. f) .............................................

g) .............................................

**1.9 Schreiben Sie die untenstehende Grösse in den gefragten gerundeten Formen neu auf:**

Fr. 12.45378

a) auf 1 Kommastelle
b) auf 2 Kommastellen
c) auf 3 Kommastellen
d) auf Franken genau
e) auf 10 Franken genau

a) ............................................. b) ............................................. c) .............................................

d) ............................................. e) .............................................

**1.10 Runden Sie folgende Beträge auf einen Rappen genau.**

a) Fr. 78.67985 = ..............................

b) Fr. 195.3659887 = ..............................

c) Fr. 42.733987 = ..............................

d) Fr. 1.2394689662 = ..............................

e) Fr. 8765.95621 = ..............................

f) Fr. 25.995623 = ..............................

g) Fr. 0.2241834 = ..............................

h) Fr. 765.7575 = ..............................

i) Fr. 99.99191 = ..............................

j) Fr. 35.2345 = ..............................

**1.11 Runden Sie folgende Beträge auf fünf Rappen genau.**

a) Fr. 78.67985 = ..............................

b) Fr. 195. 375 = ..............................

c) Fr. 1.2394689662 = ..............................

d) Fr. 8765.97621 = ..............................

e) Fr. 25.9745623 = ..............................

f) Fr. 4.995623 = ..............................

g) Fr. 0.2241834 = ..............................

h) Fr. 765.775 = ..............................

i) Fr. 99.99111 = ..............................

j) Fr. 35.2245 = ..............................

## Grundrechenarten: Addition, Subtraktion, Multiplikation, Division

### Addition

Das Zusammenzählen von zwei oder mehreren Zahlen nennt man Addition, die Tätigkeit heisst addieren.

| 40 | + | 5 | = | 45 |
|---|---|---|---|---|
| Summand | plus | Summand | gleich | Summe |

Schriftliche Darstellungsform:

$$\begin{array}{r} 646.25 \\ +\ 62.45 \\ +\ 16.20 \\ \hline 724.90 \\ \hline \end{array}$$

### Subtraktion

Das Abziehen einer Zahl von einer andern nennt man Subtraktion, die Tätigkeit heisst subtrahieren.

| 45 | – | 5 | = | 40 |
|---|---|---|---|---|
| Minuend | minus | Subtrahend | gleich | Summe |

Schriftliche Darstellungsform:

$$\begin{array}{r} \text{Fr. } 646.25 \\ -\ \text{Fr. } 41.60 \\ \hline \text{Fr. } 604.65 \\ \hline \end{array}$$

### Multiplikation

Die Multiplikation (Malrechnen) ist eine verkürzte Darstellungsform der Addition von gleichen Zahlen: statt 5 + 5 + 5 + 5 schreibt man 4 × 5.

| 40 | × | 5 | = | 200 |
|---|---|---|---|---|
| Faktor | mal | Faktor | gleich | Produkt |

Multiplizieren heisst also mal nehmen oder vervielfachen und kann durch eines der folgenden Zeichen dargestellt werden: × , · oder *.

Die Multiplikation ist die Umkehrung der Division.

### Division

Das Zusammenzählen von zwei oder mehreren Zahlen nennt man Addition, die Tätigkeit heisst addieren.

| 200 | : | 5 | = | 40 |
|---|---|---|---|---|
| Dividend | durch | Divisor | gleich | Quotient |

5 ist 40-mal in 200 enthalten.

Dividieren heisst also teilen oder geteilt durch und kann durch eines der folgenden Zeichen dargestellt werden: : , ÷ oder als Bruchstrich, der ebenfalls geteilt durch bedeutet: $^{200}/_{5}$ oder $\frac{200}{5}$.

Die Division ist die Umkehrung der Multiplikation.

**1.12** Priska Monn verkauft Artikel für Fr. 1 260.–, für Fr. 4 290.40 und für Fr. 2 243.85. Berechnen Sie, wie viel Geld Priska eingenommen hat.

**1.13** Von einem Vorrat von 2 356 Stück am Anfang des Monats verkaufen Sie pro Woche je 498 Stück, 235 Stück, 623 Stück und 724 Stück. Wie gross ist der Vorrat am Ende des Monats?

**1.14** Leo Licci verkaufte Tomaten. Seine Verkäufe betrugen pro Woche: 68,7 kg, 34,1 kg, 54,7 kg und 83,2 kg. Berechnen Sie das Gesamtgewicht der verkauften Tomaten.

**1.15** Von einem Greyerzerkäse von 84,2 kg Gewicht verkaufen Sie folgende Portionen pro Tag: 14,8 kg, 26,5 kg und 33,7 kg. Wie viel bleibt vom Laib übrig?

**1.16** Charlotte Furrer verkauft 208 Christbaumkugeln. Jede kostet Fr. 3.75. Wie gross ist ihr Umsatz?

**1.17** Das Modehaus bekommt eine Lieferung von 296 Stück Jeans. Diese werden zu gleichen Teilen auf die 8 Shops verteilt. Wie viele Jeans erhält jeder Shop?

**1.18** Irina Forlin zeichnet Lebensmittel aus. Sie klebt folgende Preisetiketten auf den entsprechenden Artikel:
100 g / Fr. 1.70
500 g / Fr. 8.70

Ist der aufgedruckte Preis richtig?

**1.19** Sara Meier füllt aus einen Sack mit 48 kg Carnaroli-Reis Säcklein zu je 250 g ab. Wie viele Säcklein kann Sara abfüllen?

**1.20 In einem Sportgeschäft erzielten die Detailhandelsassistent*innen folgende Einnahmen.**

| | |
|---|---|
| Jasmin Zanoni | Fr. 7 631.95 |
| Gion Arpagaus | Fr. 5 548.20 |
| Conrad Gauss | Fr. 6 923.85 |

**Berechnen Sie die Gesamteinnahmen des Sportgeschäfts.**

**1.21 Aus einer Kasse mit einem Bestand von Fr. 2 200.– entnehmen Sie Fr. 853.70, Fr. 228.80 und Fr. 348.90. Berechnen Sie den Saldo.**

**1.22 Vera Pletscher verkauft einer Kundin Stoff für ein Kleid (Jacke samt Hose) mit den Massen 2,25 m × 6,40 m.**

a) Wie viele $m^2$ sind dies?

b) Wie viel muss die Kundin bezahlen, wenn der $m^2$ mit Fr. 24.80 angeschrieben ist?

**1.23** **In den letzten fünf Tagen hatte das Modegeschäft, das in dieser Zeit sieben Detailhandelsassistentinnen beschäftigte, einen Umsatz von Fr. 35 700.–. Wie gross war der durchschnittliche Umsatz pro Detailhandelsassistentin und Tag?**

**1.24** **Der Heizöllieferant verrechnet für die 18 750 kg Heizöl der Klasse extra leicht, das Ihr Geschäft bestellt hat, Fr. 8 962.50. Wie viel kostet demnach 1 kg Heizöl?**

**1.25** **Ein Delikatessengeschäft verkauft Saucen in Portionen zu je 275 g für Fr. 3.– je 100 g. Im Februar werden in der 1. Woche 721 Portionen, in der 2. Woche 642 Portionen, in der 3. Woche 907 Portionen, in der 4. Woche 1 051 Portionen verkauft. Berechnen Sie seine Wocheneinnahmen.**

**1.26** **Ambra Stucki kauft am Montag bei einem Grosshändler 46 kg Tomaten an. Sie verkauft die folgenden Mengen an ihre Kunden*innen:**

| | |
|---|---|
| Montag: | 18,8 kg |
| Dienstag: | 11,1 kg |
| Mittwoch: | 9,1 kg |
| Donnerstag: | 5,1 kg |

**Am Freitag kann Ambra Stucki die übrig gebliebenen Tomaten nicht mehr verkaufen, da diese faul sind. Wie viele kg Tomaten muss sie wegwerfen?**

**1.27 Am Montag, Mittwoch und Freitag bekommt die Kleiderboutique jeweils Warenlieferungen:**

| | |
|---|---|
| Montag: | 14 Hosen, 22 Shirts, 12 Jacken, 25 Pullover |
| Mittwoch: | 24 Hosen, 120 Shirts, 12 Pullover |
| Freitag: | 15 Shirts, 28 Jacken, 34 Pullover |

a) Wie viele Kleidungsstücke wurden insgesamt geliefert?

b) Wie viele Hosen, Shirts, Jacken und Pullover wurden in dieser Woche geliefert?

**1.28 Ein Karton mit Tee enthält 60 Schachteln zu 80 Teebeuteln. Auf dem Lieferschein ist angegeben, dass es sich um insgesamt 12 kg Tee handelt.**

a) Wie gross ist das Gewicht des Tees einer Schachtel?

b) Wie viele Gramm wiegt ein Teebeutel?

**1.29 Hanna schneidet für die Schaufensterdekoration folgende Stoffbänder ab:**

15 Stk. zu 35 cm, 25 Stk. zu 82,5 cm, 40 Stk. zu 91,2 cm, 55 Stk. zu 47,5 cm.

**Wie viele Meter Stoff schneidet Hanna insgesamt ab?**

**1.30 Claudia bezahlt mit ihrer Maestro-Karte folgende Beträge:**

| | |
|---|---|
| Bäckerei Graf: | Fr. 7.35 |
| Lebensmittel Migros: | Fr. 87.50 |
| Weinhandlung Hunziker: | Fr. 135.50 |
| Metzgerei Rothen: | Fr. 31.40 |
| Modeboutique: | Fr. 124.60 |

**Vor dem Einkauf hatte Claudia ein Guthaben von Fr. 4358.20 auf ihrem Konto. Wie gross ist ihr Kontostand nach den Einkäufen?**

**1.31 Julia Karoute verkauft in ihrem Brautmodeshop folgende Hochzeitskleider:**

| | |
|---|---|
| La Sposa-Brautkleid | Fr. 2450.– |
| Lohrengel-Brautkleid | Fr. 2075.– |
| Demetrios-Brautkleid | Fr. 2845.– |
| Emmerling-Brautkleid | Fr. 3055.– |

**Wie gross sind ihre Gesamteinnahmen?**

**1.32 Die Metzgerei Hähni verkauft am Dorffest 248 Bratwürste mit Brot zu Fr. 5.20, 189 Hotdogs zu Fr. 4.50, 73 halbe Poulets mit Pommes Frites zu Fr. 7.90 und 758 Getränke zu Fr. 2.50. Berechnen Sie die Einnahmen des Metzgers.**

**1.33 Dana hat auf einer Velotour gemacht und folgende Werte aufgeschrieben:**

| | | |
|---|---|---|
| 1. Tag: | 187,5 km | 8,5 Stunden |
| 2. Tag: | 90,4 km | 4,25 Stunden |
| 3. Tag: | 112,5 km | 5,75 Stunden |

**Wie gross war ihre durchschnittliche Geschwindigkeit (km/h)?**

**1.34 Luca Alessio verkauft während einer Aktion verschiedene Teigwaren zu je Fr. 12.80:**

Am Montag verkauft er 232 Stück.
Am Dienstag verkauft er 149 Stück.
Am Mittwoch verkauft er 345 Stück.
Am Donnerstag verkauft er 417 Stück.
Am Freitag verkauft er 266 Stück.
Am Samstag verkauft er 349 Stück.

**Berechnen Sie seine Wocheneinnahmen.**

# 2 DREISÄTZE

Die Berechnung von Proportionalitäten ist Grundlage vieler Werkzeuge. Dabei gibt es verschiedene Möglichkeiten, Proportionalitätsaufgaben zu lösen. Hier werden vier mögliche Darstellungsformen von Proportionalitätsaufgaben aufgezeigt. In den folgenden Werkzeugen werden dann jeweils zwei Darstellungsmöglichkeiten zur Lösung der Aufgaben alternativ verwendet.

### Definition Proportionalitätsaufgaben

Proportionalitätsaufgaben sind Rechnungen, bei denen ein Wertepaar bekannt ist. Beispielsweise ist bekannt, dass 4 kg Fr. 6.– kosten. Vom zweiten Wertepaar kennt man aber nur einen Wert, z. B. 10 kg, der andere Wert (Fr.) muss berechnet werden.

Bei Proportionalitätsaufgaben wird davon ausgegangen, dass eine doppelte Menge auch doppelt soviel kostet, dass es also keine Mengenrabatte (Vergünstigungen) gibt.

### Proportional heisst: im gleichen Verhältnis

Wie bei einer Waage bleiben die Verhältnisse ausgeglichen, solange man die linke und die rechte Seite gleich verändert, wenn man also beispielsweise beide Seiten durch 10,5 teilt oder mal 95 rechnet.

DIREKTE PROPORTIONALITÄT

## Darstellungsformen bei Proportionalitätsaufgaben

Proportionalitätsaufgaben können verschieden dargestellt werden.

### Dreisatzdarstellung

Eine einfache und auch gut nachvollziehbare Form ist der Dreisatz, bei dem als Zwischenschritt zuerst eine Einheit berechnet wird.

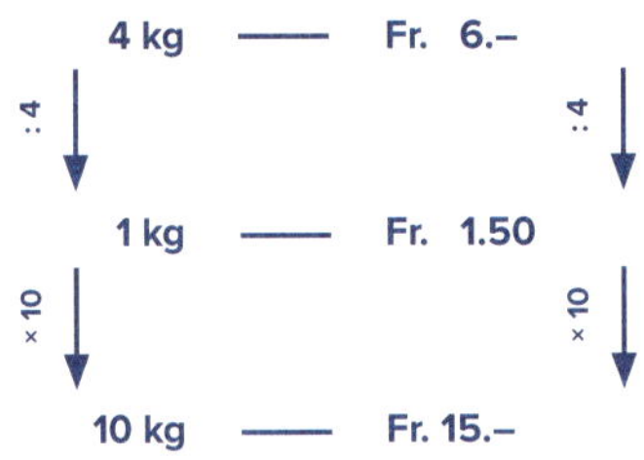


1. Satz: bekanntes Wertepaar, wobei die gesuchte Einheit immer rechts steht.

2. Satz: geht auf der linken Seite immer auf eine Einheit. (Immer geteilt durch den linken Wert des 1. Satzes)

3. Satz: Berechnung des gesuchten Wertes. (Immer mal den linken Wert des 3. Satzes)

Da im 2. Satz die Menge 4-mal kleiner ist als im 1. Satz, muss auch der Preis 4-mal kleiner sein (geteilt durch 4). Im 3. Satz ist die Menge 10-mal grösser, daher muss auch der Preis mit 10 multipliziert werden.

$6 : 4 \times 10 = 15$

### Zweisatzdarstellung

Bei der Zweisatzdarstellung wird einfach der 2. Satz des Dreisatzes nicht aufgeschrieben. Gerechnet wird aber genau gleich wie beim Dreisatz.

$6 : 4 \times 10 = 15$

### Wertetabellendarstellung

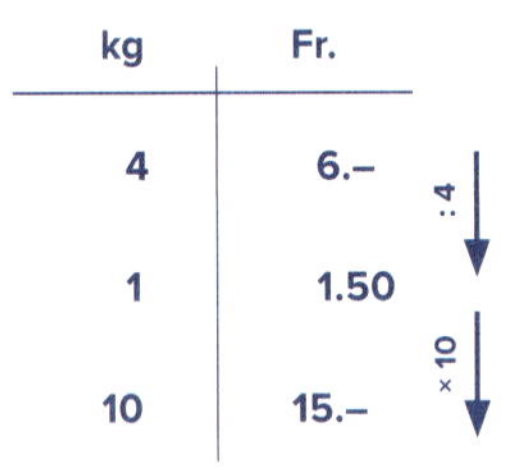


Wie im Dreisatz wird zuoberst der 1. Satz eingetragen.

Anschliessend wird auf eine Einheit gegangen und dann auf die gesuchte Menge.

$6 : 4 \times 10 = 15$

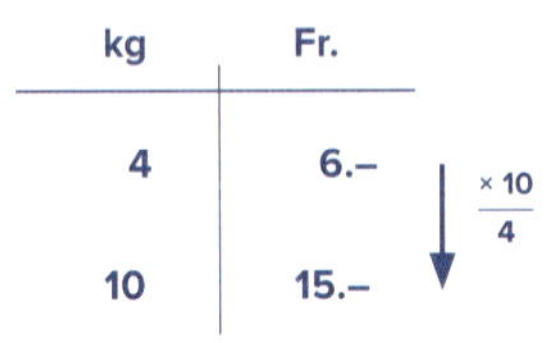


Als Vereinfachung kann auch hier der Zwischenschritt mit einer Einheit weggelassen werden.

### T-Balkendarstellung

Der «umgekippte T-Balken» ist eine weitere Proportionalitätsdarstellung. Die Reihenfolge, wie er ausgefüllt wird, entspricht wiederum dem Dreisatz. Die waagrechte Linie des T-Balkens entspricht einem Bruchstrich, es muss also geteilt werden.

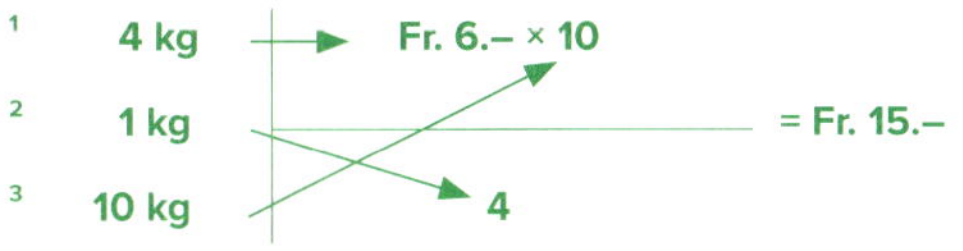


1. Zuoberst wird der 1. Satz eingetragen: 4 kg entsprechen Fr. 6.–.
2. Nun kommt in der Mitte links 1 und unter den Bruchstrich die Zahl, durch die geteilt werden muss (entspricht immer der obersten Zahl links).
3. Jetzt wird links und über dem Bruchstrich die gesuchte Menge eingetragen.

$\frac{6 \times 10}{4} = 15$ oder $6 : 4 \times 10 = 15$

## Indirekte oder umgekehrte Proportionalität (umgekehrtes Verhältnis)

Im Gegensatz zur direkten Proportionalität, bei der eine Verdoppelung auf der linken Seite der Gleichung auch eine Verdoppelung auf der rechten Seite bewirkt, erfolgt bei der indirekten oder umgekehrten Proportionalität auf eine Verdoppelung (mal 2) auf der linken Seite eine Halbierung (geteilt durch 2) auf der rechten Seite.

Umgekehrt proportional heisst: wird links multipliziert, muss man rechts durch die gleiche Zahl dividieren – wird links dividiert, muss man rechts mit der gleichen Zahl multiplizieren.

*Beispiel:*
*4 Arbeiter benötigen zehn Tage, wie viel Zeit benötigen*
*a) 8 Arbeiter?*
*b) 10 Arbeiter?*

*Lösung:*

2.1 4 kg Birnen kosten Fr. 11.20. Wie viel kosten 7 kg?

2.2 3 kg Zucchetti kosten Fr. 7.20. Wie viel kosten 5 kg?

2.3 Isa Roth zahlt auf dem Markt für 1 kg 250 g Sarden-Tomaten Fr. 11.–. Wie viel kosten 3 kg 250 g bei gleichem Kilopreis?

2.4 Claudia Karlen zahlt auf dem Markt für 2 kg 250 g Trauben Fr. 4.05. Wie viel kosten 3 kg 750 g bei gleichem Kilopreis?

2.5 Ein Schweinsfilet von 0,355 kg kostet Fr. 15.30. Wie viel müssen Sie für drei Filets zu 450 Gramm das Stück bezahlen?

**2.6 150 Gramm Pouletschnitzel kosten Fr. 2.05. Wie viel kosten 2,5 kg Pouletschnitzel?**

**2.7 Für einen Fruchtsalat für 85 Personen haben Sie 5,525 kg Apfelschnitze gebraucht.**

a) Wie viele kg benötigen Sie für 12 Portionen?

b) Wie viele kg benötigen Sie für 25 Portionen?

**2.8 Petra benötigt für 42 Portionen Fruchtsalat 504 Gramm Kirschen.**

a) Wie viele Gramm benötigt sie für 18 Portionen?

b) Wie viele Gramm benötigt sie für 120 Portionen?

**2.9** **Drei Beutel Jägersauce kosten Fr. 5.55. Was kostet ein Karton mit 180 Beuteln?**

**2.10** **Zwei Beutel Suppe kosten Fr. 4.90. Was kostet ein Karton mit 150 Beuteln?**

**2.11** **Bei der letzten Inventur zählten drei Mitarbeiter*innen während 20 Stunden 10 740 Artikel. In diesem Jahr konnten für die Inventur fünf Mitarbeiter*innen eingesetzt werden. Wie viele Artikel mussten sie zählen, wenn sie während 16 Stunden arbeiteten?**

**2.12** **Bei der letzten Inventur zählten fünf Mitarbeiter*innen während 15 Stunden 60 600 Artikel. In diesem Jahr konnten für die Inventur vier Mitarbeiter*innen eingesetzt werden. Wie viele Artikel mussten sie zählen, wenn sie während 24 Stunden arbeiteten?**

**2.13 Um welche Art von Proportion (Dreisatz) handelt es sich? Wählen Sie zwischen direkter oder indirekter/umgekehrter Proportion (Dreisatz).**

a) Ivo Lässer verkauft einer Kundin Gemüse. 700 g kosten Fr. 3.50. Wenn die Kundin 1,2 kg davon will, kostet das:

☐ mehr Geld ☐ weniger Geld

**Es handelt sich um eine ............................................ Proportion (Dreisatz).**

b) Jenny Thaler inventiert zusammen mit 3 Kolleginnen während 24 Stunden. Wenn ihr 4 Kolleginnen dabei helfen, arbeitet sie:

☐ länger ☐ weniger lang

**Es handelt sich um eine ............................................ Proportion (Dreisatz).**

**2.14 Um welche Art von Proportion (Dreisatz) handelt es sich? Wählen Sie zwischen direkter oder indirekter Proportion (Dreisatz).**

a) Giusi Pastura muss Schuhschachteln ins Lager tragen. Er geht 12 mal hin und her, wenn er jeweils 4 Schachteln trägt. Wenn er nur 3 Schachteln tragen würde, so müsste er:

☐ mehr hin und her gehen ☐ weniger hin und her gehen

**Es handelt sich um eine ............................................ Proportion (Dreisatz).**

b) Dean Santo kocht für eine Degustation von 24 Portionen Suppen.
Für 36 Portionen braucht er:

☐ mehr Wasser ☐ weniger Wasser

**Es handelt sich um eine ............................................ Proportion (Dreisatz).**

# 3 PROZENTRECHNEN

Prozent heisst «von hundert». Prozentzahlen geben an, wie viele Hundertstel ein bestimmter Wert gemessen an einem Ganzen zählt. Prozente (oder als Zeichen %) sind somit Vergleichsangaben, die zeigen, wie verschiedene Werte zueinander stehen. Sie eignen sich auch für einen Überblick.

Prozente berechnet man mit einem Dreisatz oder Zweisatz, mit einem T-Balken oder mit einer Wertetabelle. 100 % bedeutet Grundwert (das Ganze) oder auch Ausgangswert (das Vorherige).

*Beispiel:*

*Im Herbst 2020 waren in der Schweiz 5 077 216 Personen erwerbstätig. Davon arbeiteten 1 050 370 im Sektor der Güterverarbeitung. Wie viele Prozente sind dies?*

*Lösung:*

*Gegeben: 5 077 216 Personen = 100 %*
*Gesucht: 1 050 370 Personen = ? %*

*Zweisatz:*

5 077 216 ← : ← 100 %
↓ ×
1 050 216 → = → 20,7 %

*T-Balken:*

| P | % | |
|---|---|---|
| 5 077 216 | 100 × 1 050 370 | |
| 1 | | = 20,7 % |
| 1 050 370 | 5 077 216 | |

- *Die 5 077 216 Personen bezeichnet man als Grundwert oder 100 %.*
- *Die 1 050 370 Personen sind der Prozentwert.*
- *20,7 % ist der Prozentsatz.*

Diese absoluten Zahlen lassen sich weniger gut vergleichen als die entsprechenden Prozentzahlen (relative Zahlen).

**VERTEILUNG DER BESCHÄFTIGTEN NACH WIRTSCHAFTSSEKTOREN 2020**

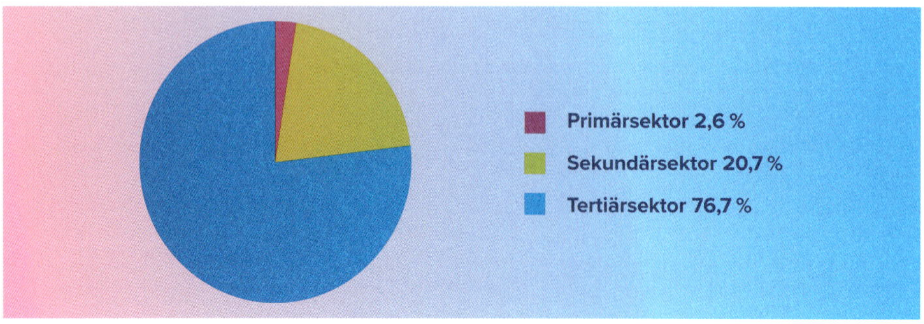


Quelle: Bundesamt für Statistik

3.1 Massimo Burkhalter kontrolliert eine Lieferung Fernsehgeräte. Von 50 Geräten sind 2 Geräte beschädigt. Wie viele Prozente sind dies?

3.2 Alina Stanicu stellt beim Inventieren fest, dass gemäss Lagerbuchhaltung 188 Geräte an Lager sein sollten, zählt aber nur 183 Geräte. Wie viele Prozente beträgt die Inventardifferenz (auf zwei Dezimalstellen genau)?

3.3 Eine Packung Kaffee zu Fr. 7.80 hat 18 % aufgeschlagen. Wie viel kostet eine Packung nach dem Preisaufschlag?

3.4 Wegen ausgezeichneter Ernte können Tessiner Tomaten um 22 % von bisher Fr. 4.80 je kg verbilligt werden. Wie viel kostet neu 1 kg?

**3.5 Der Reingewinn eines Supermarktes konnte gegenüber des Vorjahres um Fr. 31 232.– oder 2,7 % gesteigert werden. Welches ist der neue Reingewinn?**

**3.6 Der Wochenumsatz einer Papeterie konnte gegenüber der Vorwoche um 4,7 % oder Fr. 1 035.– gesteigert werden.**

a) Welches ist der aktuelle Wochenumsatz?

b) Wie viel betrug der Umsatz der Vorwoche?

**3.7 Eine Zoohandlung konnte ihren Umsatz um 8,1 % auf Fr. 265 912.15 steigern. Welches war der frühere Umsatz?**

**3.8 Ein Schuhfachgeschäft erzielte einen Umsatz von Fr. 864 532.–, was eine Steigerung von 5,9 % bedeutete. Wie gross war der letztjährige Umsatz?**

**3.9 Eine Parfümerie konnte ihren Umsatz um 3,7 % auf Fr. 786 453.– steigern. Wie gross war der letztjährige Umsatz?**

**3.10 Die Modeboutique steigerte ihren Umsatz im Februar gegenüber dem Vormonat um 7,4 % auf Fr. 87 485.50. Wie gross war der Umsatz im Januar?**

**3.11 Jennifer Reiter erzielt Fr. 36 435.60 Umsatz, Lena Vitez Fr. 32 943.35.**

a) Wie viele Prozente Mehrumsatz hat Jennifer Reiter gegenüber Lena Vitez erzielt?

b) Wie viele Prozente hat Lena Vitez weniger umgesetzt als Jennifer Reiter?

**3.12 Vedran Zorro erzielt Fr. 563 635.60 Umsatz, Allessio Leta Fr. 553 294.35.**

a) Wie viele Prozente Mehrumsatz hat Vedran Zorro gegenüber Allessio Leta erzielt?

b) Wie viele Prozente hat Allessio Leta weniger umgesetzt als Vedran Zorro?

**3.13 Renate Arnosti hatte bisher ein Jahresgehalt von Fr. 49 800.–. Sie wird zur Rayonchefin befördert und erhält eine Lohnerhöhung von 16 %. Vom neuen Gehalt werden ihr 5,05 % für die AHV abgezogen.**

a) Berechnen Sie Renates Lohnerhöhung.

b) Welches ist Renates neues Jahreseinkommen?

c) Welches ist ihr neuer Nettolohn pro Monat?

# 4 DURCHSCHNITTSRECHNEN / MISCHUNGSRECHNEN

Durchschnittsrechnungen nehmen Sie im Beruf vor, wenn Sie z. B. zu statistischen Zwecken verschiedene Umsatzzahlen berechnen müssen, wie beispielsweise den Umsatz pro Kopf, den Umsatz pro Quadratmeter Verkaufsfläche oder den durchschnittlichen Kundenfranken.

Für private Zwecke berechnen Sie z. B. Durchschnitte von Ausgaben oder von Noten.

## Einfacher Durchschnitt

Der einfache Durchschnitt ist die Summe aller Posten geteilt durch die Anzahl der Posten.

*Beispiel 1:*

*Der Umsatz eines Convenience-Stores sieht für die Woche 42 wie folgt aus:*

| | | |
|---|---|---|
| *Montag* | *Fr.* | *12 344.20* |
| *Dienstag* | *Fr.* | *10 783.45* |
| *Mittwoch* | *Fr.* | *16 501.25* |
| *Donnerstag* | *Fr.* | *14 300.30* |
| *Freitag* | *Fr.* | *24 899.10* |
| *Samstag* | *Fr.* | *22 432.45* |
| *Sonntag* | *Fr.* | *12 530.60* |
| *Umsatz Woche 42* | *Fr.* | *113 791.35* |

*Lösung:*
Der durchschnittliche Verkaufsumsatz pro Tag beträgt:

$$\frac{113\,791.35}{7} = \text{Fr. } 16\,255.91$$

## Gewogener Durchschnitt/Mischungsrechnen

Dem gewogenen Durchschnitt oder Mischungsrechungen begegnen Sie im Verkauf (und Einkauf) wenn verschiedene Sorten von Tee, Kaffee, Tabak, Bonbons, Konfekt oder Pralinen als Mischung angeboten werden.

Der gewogene Durchschnitt ist die Summe aller Einzelwerte geteilt durch die Gesamtmenge.

*Beispiel 2:*

*Ein*e Detaillist*in mischt die Hausmischung «Espresso» wie folgt:*

*Anteil A: 37,2 kg Tarrazu Kaffee aus Costa Rica zu Fr. 18.80 je kg*
*Anteil B: 25,8 kg Korgua Kaffee aus Papua-Neuguinea zu Fr. 3.90 je 250 g*
Anteil C: 16,6 kg Mysore Kaffee aus Indien zu Fr. 984.– je 60 kg Sack

*Wie viel kostet eine 1 kg Portion der Mischung?*

*Lösung:*

| | | | |
|---|---|---|---|
| *A:* | *37,2 kg × Fr. 18.80* | *Fr.* | *699.36* |
| *B:* | *25,8 kg × Fr. 3.90 × 4** | *Fr.* | *402.48* |
| *C:* | *16,6 kg × Fr. 984.– ÷ 60 kg*** | *Fr.* | *272.24* |
| *Mischung:* | *79,6 kg* | *Fr.* | *1 374.08* |
| | *1 kg* | *Fr.* | *17.26* |

* *4 × 250 g = 1 kg*
** *1 Sack wiegt 60 kg*
} *Es braucht Kilopreise, weil alle Angaben in Kilogramm vorgegeben sind*

**4.1 Sie hatten letzte Woche folgende Arbeitszeiten:**

| | |
|---|---|
| Montag: | 8 Std. 15 Min. |
| Dienstag: | 8 Std. 15 Min. |
| Mittwoch: | 8 Std. 30 Min. |
| Donnerstag: | 8 Std. 45 Min. |
| Freitag: | 8 Std. 15 Min. |

**Berechnen Sie die durchschnittliche Arbeitszeit pro Tag in Stunden und Minuten.**

**4.2 Sie hatten letzte Woche folgende Arbeitszeiten:**

| | |
|---|---|
| Dienstag: | 8 Std. 30 Min. |
| Mittwoch: | 8 Std. 20 Min. |
| Donnerstag: | 8 Std. 40 Min. |
| Freitag: | 8 Std. 10 Min. |
| Samstag: | 7 Std. 20 Min. |

**Berechnen Sie die durchschnittliche Arbeitszeit pro Tag in Stunden und Minuten.**

**4.3 In der Berufsschule hatten Sie in der Allgemeinbildung folgende Noten: 5½, 4½, 4¾, 5 und 5. Berechnen Sie den Notendurchschnitt.**

**4.4** In der Berufsschule hatten Sie im Rechnen folgende Noten: 4½, 4½, 4¼, 5, 4 und 4½. Berechnen Sie den Notendurchschnitt.

**4.5** Eine Konditorei mischt folgende Pralinen: 4,8 kg Pralinen zu Fr. 87.50, 3,5 kg Truffes zu Fr. 103.60, 1,5 kg Pralinen mit Zartbitterschokolade zu Fr. 95.90. Wie viel muss der*die Konditor*in für eine Schachtel gemischter Pralinen zu 250 g verlangen?

**4.6** 2,8 kg Truffes zu Fr. 132.50, 1,8 kg Kirschstängeli zu Fr. 172.50, 4,7 kg Pralinen zu Fr. 116.5 werden gemischt. Wie viel kostet ein Geschenksäcklein von 200 g dieser Mischung?

**4.7** Amina Farmakis verkauft Stoff: 17,4 m, 19,5 m, 24,2 m, 9,2 m und 18,3 m. Wie viel Stoff verkauft sie durchschnittlich pro Kund*in?

**4.8** Ricardo Gonzales verkauft Äpfel. Dabei erzielt er folgende Tagesumsätze: 22,4 kg, 28,6 kg, 33,2 kg, 16,9 kg und 24,8 kg.

Wie viele kg Äpfel verkauft er durchschnittlich pro Tag?

**4.9 Anlässlich eines Erfahrungsaustausches präsentieren die nachstehenden Detailhandelbetriebe folgende Monatsumsätze in Franken:**

| | Januar | Februar | März |
|---|---|---|---|
| Trendshop | 319 399.– | 189 233.– | 328 311.– |
| Top-fashion | 498 877.– | 130 348.– | 288 293.– |
| Abracadabra | 102 300.– | 439 124.– | 28 319.– |
| Raw n'cool | 156 580.– | 390 983.– | 103 213.– |

**Berechnen Sie den durchschnittlichen Monatsumsatz je Betrieb für das erste Quartal.**

**4.10 Die erste Tour de France fand 1903 statt und führte über 6 Etappen:**

1. Paris–Lyon, 467 km
2. Lyon–Marseille, 374 km
3. Marseille–Toulouse, 423 km
4. Toulouse–Bordeaux, 268 km
5. Bordeaux–Nantes, 425 km
6. Nantes–Paris/Parc des Princes, 471 km

**Berechnen Sie die durchschnittliche Länge einer Etappe der Tour von 1903 auf ganze Kilometer genau.**

**4.11 Die Etappe Marseille–Toulouse der ersten Tour de France (423 km) wurde vom Sieger Hyppolitte Aucouturier in 17 Stunden und 55 Minuten (= 17,917 Stunden) zurück gelegt. Der Etappenletzte benötigte für die gleiche Strecke 28 Stunden und 29 Minuten (= 28,483 Stunden).**

a) Berechnen Sie die Durchschnittsgeschwindigkeit des Siegers auf eine Stelle nach dem Komma genau.

**b)** Berechnen Sie die Durchschnittgeschwindigkeit des Letzten.

**4.12 Die schwere Bergetappe der Tour de France von Sallanches bis L'Alpe d'Huez über 219 km wurde vom Sieger Iban Mayo in 5 Stunden, 57 Minuten und 30 Sekunden (= 5,958 Stunden) zurück gelegt. Der Etappenletzte benötigte für die gleiche Strecke 6 Stunden, 49 Minuten und 18 Sekunden (= 6,822 Stunden).**

**a)** Berechnen Sie die Durchschnittsgeschwindigkeit des Siegers auf eine Stelle nach dem Komma genau.

**b)** Berechnen Sie die Durchschnittgeschwindigkeit des Letzten.

**4.13 Anlässlich eines Erfahrungsaustausches präsentieren die nachstehenden Detailhandelbetriebe folgende Monatsumsätze in Franken:**

| | April | Mai | Juni |
|---|---|---|---|
| GeneralStore | 189 322.– | 198 325.– | 240 944.– |
| All 4 u | 220 988.– | 213 122.– | 160 412.– |
| Fashion n'Style | 166 329.– | 312 900.– | 291 981.– |
| Royal Flush | 239 123.– | 401 322.– | 255 321.– |
| Alpenrose | 591 129.– | 351 233.– | 120 323.– |

**Berechnen Sie den durchschnittlichen Monatsumsatz je Betrieb für das zweite Quartal.**

# 5 VERTEILUNGSRECHNEN

Verteilungsrechnungen wenden Sie im Beruf an, wenn Gewinne verteilt werden oder Kosten (Ladenmiete, Verwaltungskosten, Werbekosten) nach Verursachung getragen werden müssen.

Im privaten Bereich treffen Sie auf Verteilungsrechnungen bei gemeinsamen Gewinnen, Erbschaften oder Kosten irgendwelcher Art, die Sie mit andern Menschen teilen müssen.

*Beispiel 1: Verteilung nach einem gegebenen Unterschied*

*Stefanie und Philippe teilen einen Lottogewinn von Fr. 5752.– so, dass Stefanie Fr. 24.– (so viel hat sie mehr einbezahlt) mehr erhält als Philippe.*

*Lösung:*

| | | | |
|---|---|---|---|
| | *Lottogewinn* | *Fr.* | *5752.–* |
| – | *Mehranteil Stefanie* | *Fr.* | *24.–* |
| | *Zu halbieren sind* | *Fr.* | *5728.– : 2 = Fr. 2864.–* |

*Stefanie erhält zu den Fr. 2864.– noch Fr. 24.– dazu, sie erhält also total Fr. 2888.–.*

*Beispiel 2: Verteilung nach einem gegebenen Verteilungsschlüssel*

*Der Verteilschlüssel ist hier im Verhältnis 24 : 16 : 20, d.h. A wird mit 24, B mit 16 und C mit 20 gewichtet:*

*Den drei Angestellten wird die Gratifikation (Weihnachtsgeld) von Total Fr. 3000.– nach ihren geleisteten Überstunden von A 24 Std., B 16 Std. und C 20 Std. verteilt. Welchen Anteil erhalten die drei Angestellten?*

*Lösung:*

| | | | |
|---|---|---|---|
| *A:* | *24 Std. × Fr. 50.–* | *= Fr.* | *1200.–* |
| *B:* | *16 Std. × Fr. 50.–* | *= Fr.* | *800.–* |
| *C:* | *20 Std. × Fr. 50.–* | *= Fr.* | *1000.–* |
| | *60 Std.* | *= Fr.* | *3000.–* |
| | *1 Std.* | *= Fr.* | *50.–* |

**5.1** Von Fr. 640.– soll Iris Schmohl Fr. 40.– mehr erhalten als Kurt Walpen. Wie viel erhalten die beiden?

**5.2** Sie bekommen von Ihren Eltern Fr. 283.–. Sie teilen den Betrag mit Ihrem Geschwister und erhalten Fr. 25.– mehr. Wie viel erhalten Sie?

**5.3** Verteilen Sie Fr. 1 284.– so, dass Ajka Demirci drei Mal so viel erhält wie Hugo Reutener.

**5.4** Fr. 870.– sollen so verteilt werden, dass Jana Balbo doppelt soviel erhält wie Ivan Kuriger. Berechnen Sie diese Beträge.

**5.5** Drei Kolleginnen spielen zusammen Lotto. Den Gewinn von Fr. 480.– verteilen sie gemäss ihren Einsätzen. Ana hat Fr. 3.–, Chaya hat Fr. 5.– und Cloé hat Fr. 4.– eingesetzt. Wie viel Gewinn erhält jede?

**5.6** Drei Kollegen spielen zusammen Lotto. Den Gewinn von Fr. 1 200.– verteilen sie entsprechend ihren Einsätzen von Adam Fr. 10.–, Beda Fr. 15.– und Carl Fr. 25.–. Wie viel Gewinn erhält jeder?

**5.7** Die Chefin verteilt das Weihnachtsgeld von Fr. 600.– an zwei Vollangestellte und zwei Aushilfen. Die Vollangestellten sollen doppelt so viel erhalten wie die Aushilfen. Wie viel erhält eine Vollangestellte, wie viel eine Aushilfe?

**5.8** Die Chefin verteilt das Weihnachtsgeld von Fr. 960.– an drei Vollangestellte und zwei Aushilfen, wobei die Vollangestellten doppelt so viel wie die Aushilfen erhalten. Wie viel erhält eine Vollangestellte, wie viel eine Aushilfe?

**5.9** Die Boutique «Principessa» ist Konkurs gegangen. Die durch das Betreibungs- und Konkursamt verwerteten Waren erbrachten Fr. 14 480.–. Bei den Lieferanten hatte die Boutique folgende Schulden:

| | |
|---|---|
| Lieferant A: | Fr. 8 750.– |
| Lieferant B: | Fr. 16 800.– |
| Lieferant C: | Fr. 32 430.– |

Verteilen Sie das restliche Geld so, dass die Gläubiger entsprechend ihrer Forderungen entschädigt werden.

**5.10 Das Betreibungs- und Konkursamt verkaufte aus der Konkursmasse Waren im Wert von Fr. 24575.–. Die konkurse Firma hatte folgende Schulden:**

| | |
|---|---|
| Gläubiger A: | Fr. 720.– |
| Gläubiger B: | Fr. 112400.– |
| Gläubiger C: | Fr. 16800.– |

**Verteilen Sie das Geld so, dass die Gläubiger entsprechend ihrer Forderungen entschädigt werden.**

**5.11 Die Familien Huber und Flores kaufen zusammen ein Wohnmobil. Die Familie Huber besteht aus drei Personen, die Familie Flores aus vier Personen. Das Wohnmobil kostete Fr. 87290.–. Berechnen Sie, wie viel die einzelnen Familien bezahlen müssen, wenn die Kosten entsprechend der Personenzahl aufgeteilt werden sollen.**

**5.12 Ruefs gehen mit Harzenmosers in die Camping-Ferien. Sie haben eine Gemeinschaftskasse. Ruefs sind vier Personen, Harzenmosers sind fünf Personen. Insgesamt haben sie aus der Gemeinschaftskasse Fr. 875.45 ausgegeben. Berechnen Sie, wie viel die einzelnen Familien bezahlen müssen, wenn die Kosten entsprechend der Personenzahl aufgeteilt werden sollen.**

**5.13 Ein Kassenmanko von Fr. 43.65 wird im Verhältnis zu den Arbeitsstunden, welche die Mitarbeiterinnen an der Kasse gearbeitet haben, verteilt. Sofia Bagnaud arbeitete fünf Stunden und Lia Acklin vier Stunden an der Kasse. Wer zahlt wie viel Kassenmanko?**

# 6 VERPACKUNG: BRUTTOGEWICHT, NETTOGEWICHT, TARA

Transport- oder Versandverpackungen vereinfachen den Warentransport. Sie schützen die Artikel vor Transportschäden und äusseren Einflüssen wie Feuchtigkeit, Hitze oder Kälte. Besondere Sorgfalt ist nötig, wenn leichte und schwere Gegenstände zusammen verpackt werden.

### Bruttogewicht = Nettogewicht + Tara

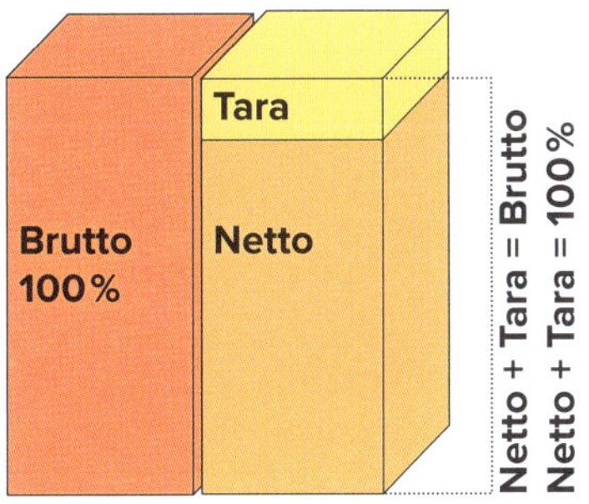


- Das Bruttogewicht gibt an, wie schwer eine Ware samt Verpackung ist. (Bruttogewicht = 100 %).
- Das Nettogewicht ist das Gewicht der Ware selbst. (Nettogewicht = Bruttogewicht minus Tara).
- Die Tara ist das Gewicht der Verpackung, also die Differenz zwischen Brutto- und Nettogewicht.

*Beispiel:*

*Die Verpackung einer Kaffeemaschine wiegt 0,840 kg oder 32 % des Bruttogewichtes. Wie schwer ist die Kaffeemaschine?*

*Lösung:*

| | | | |
|---|---|---|---|
| *Gegeben:* | *32 %* | = | *0,840 kg* |
| *Gesucht:* | *68 %* | = | *? kg* |

| | | | | |
|---|---|---|---|---|
| *Nettogewicht* | *1,785 kg* | ← (=) | *68 %* | ↑ × |
| *+ Tara* | *0,840 kg* | → (:) | *32 %* | |
| *Bruttogewicht* | | | *100 %* | |

*Anmerkung: Da zurückgerechnet wird, steht das Resultat oben im Schema.*

*Zweisatz:*

| | | | |
|---|---|---|---|
| ↓ × | 32 % | ← : | 0,840 kg |
| | 68 % | → = | 1,785 kg |

*Dreisatz:*

| | | | | |
|---|---|---|---|---|
| | 32 % | — | 0,840 kg | |
| ↓ : 32 | 1 % | — | 0,026 kg | ↓ : 32 |
| ↓ × 68 | 68 % | — | 1,785 kg | ↓ × 68 |

**6.1 Eine Lieferung weist ein Bruttogewicht von 25 kg 850 g auf, die Tara beträgt 6,8 %.**

a) Berechnen Sie die Tara.

b) Wie viele Prozent des Bruttogewichtes beträgt das Nettogewicht?

c) Berechnen Sie das Nettogewicht.

**6.2 Eine Sendung wiegt brutto 18 kg 250 g, die Tara beträgt 8,4 %.**

a) Berechnen Sie die Tara.

b) Wie viele Prozent des Bruttogewichtes beträgt das Nettogewicht?

c) Berechnen Sie das Nettogewicht.

**6.3 Bei einem Verpackungsanteil von 7,5 % beträgt das Nettogewicht 850 Gramm.**

a) Berechnen Sie das Nettogewicht in Prozenten.

b) Berechnen Sie das Bruttogewicht.

**6.4 Die 14,25 kg Verpackungsgewicht entsprechen einem Anteil von 24,75 % vom Gesamtgewicht.**

a) Wie viel beträgt das Nettogewicht in Prozenten?

b) Berechnen Sie das Bruttogewicht.

**6.5 Eine Sendung Geschirr wiegt netto 68,420 kg. Die Verpackung beträgt 8,5 %.**

a) Berechnen Sie das Nettogewicht in Prozenten des Bruttogewichtes.

b) Berechnen Sie die Tara.

c) Berechnen Sie das Bruttogewicht.

**6.6 Eine Sendung Besteck wiegt netto 56,680 kg. Die Verpackung beträgt 7,2 %.**

a) Berechnen Sie das Nettogewicht in Prozenten des Bruttogewichtes.

b) Berechnen Sie die Tara.

c) Berechnen Sie das Bruttogewicht.

**6.7 Eine Harasse samt Inhalt wiegt 23,5 kg. Die Harasse alleine wiegt 1,75 kg.**

a) Wie viel beträgt das Nettogewicht?

b) Wie viele Prozente beträgt das Nettogewicht?

**6.8 Die Ware inklusive Verpackung wiegt 21,5 kg, die Verpackung alleine ist 1 370 Gramm schwer.**

a) Berechnen Sie das Nettogewicht.

b) Wie viel beträgt Nettogewicht in Prozenten?

**6.9 Ein 28 t-Lastwagen (Gesamtgewicht) hat durchschnittlich eine Ladekapazität von 15 t. Die 40 t-Lastwagen (Gesamtgewicht) haben durchschnittlich eine Ladekapazität von 26 t.**

a) Berechnen Sie das Leergewicht (Tara) der beiden Lastwagen.

b) Vergleichen Sie die prozentualen Werte der Zuladung (Netto). Welche Lastwagenkategorie kann um wie viele Prozente mehr Zuladung im Verhältnis zu ihrem Gesamtgewicht transportieren?

**6.10 Die Verpackung (Tara) einer Lieferung Datteln beträgt 5,4 % oder 2 114,80 kg.**

a) Berechnen Sie das Bruttogewicht auf zwei Dezimalstellen genau.

b) Wie viel beträgt das Nettogewicht in Prozenten und in kg?

# 7 PROVISION

Provision ist der Fachausdruck für das Geld, das jemand dafür bekommt, dass er jemand anderem etwas verkauft hat. Auch für die Vermittlung eines Geschäftes kassiert man Provision. Im Detailhandel handelt es sich bei der Provision um einen umsatzbezogenen Lohnanteil.

Die Provision wird in Prozenten ausgedrückt. Sie beträgt in der Regel zwischen 0,25 % und 2 % des Verkaufsumsatzes. Die Höhe der Provision ist davon abhängig, wie stark sie Lohnbestandteil der Mitarbeitenden sein soll. Neben der Provision beziehen Detailhandelsassistent*innen einen fixen, im Voraus festgelegten Lohn.

*Beispiel:*

*In einer Boutique sind die DHA am Umsatz mit 0,75 % Provision beteiligt. Wie gross war der Lohn von Donatella Alfieri, die im Juni Fr. 3 200.– festen Lohn bezogen und einen Verkaufsumsatz von Fr. 64 000.– erzielt hat?*

*Lösung:*

| | | |
|---|---|---|
| *Lohnanteil (Fixum)* | *= Fr.* | *3 200.–* |
| *Provision 0,75 % von 64 000.–* | *= Fr.* | *480.–* |
| *Bruttolohn* | *= Fr.* | *3 680.–* |

| | | | |
|---|---|---|---|
| *Gegeben:* | *Umsatz 100 %* | = | *Fr. 64 000.–* |
| *Gesucht:* | *Provision 0,75 %* | = | *Fr. ?* |

*Zweisatz:*

| | | | |
|---|---|---|---|
| 100 % | ← : | Fr. 64 000.– | |
| ↓ × | | | |
| 0,75 % | → = | Fr. 480.– | |

*Fr. 480.– Provision plus Fr. 3 200.– fester Monatslohn ergibt den totalen Monatslohn von Fr. 3 680.–.*

*Dreisatz:*

| | | | | |
|---|---|---|---|---|
| | 100 % | — | Fr. 64 000.– | |
| ↓ : 100 | 1 % | — | Fr. 640.– | ↓ : 100 |
| ↓ × 0,75 | 0,75 % | — | Fr. 480.– | ↓ × 0,75 |
| | | | Fr. +3 200.– | (fester Monatslohn) |
| | | | Fr. 3 680.– | |

**7.1** **In einem Schuhfachgeschäft sind die Detailhandelsassistent*innen am Umsatz mit 0,875 % Provision beteiligt. Wie gross war der Lohn von Hannah Monn, die im Juni Fr. 3 400.– festen Lohn bezogen und einen Verkaufsumsatz von Fr. 56 467.20 erzielt hat?**

**7.2** **In einer Boutique sind die Verkäufer*innen mit 0,625 % Provision am Umsatz beteiligt. Wie gross ist der Monatslohn von Anja Niederhauser, wenn sie einen fixen Lohn von Fr. 3 285.– hat und einen Umsatz von Fr. 42 587.50 erzielte?**

**7.3** **Die Bijouterie beteiligt ihre Angestellten mit 1,125 % Provision am Umsatz. Berechnen Sie den effektiven Monatslohn von Phoebe Edwards, wenn ihr fixer Lohn Fr. 3 625.– beträgt und sie einen Umsatz von Fr. 102 522.50 erzielte?**

**7.4** **Der Detailhandelsassistent Peter Aellig erzielt folgende Umsätze: Januar: Fr. 47 580.20, Februar: Fr. 52 088.30, März: Fr. 49 466.60. Peter ist mit 0,875 % am Umsatz beteiligt.**

a) Berechnen Sie die gesamte Umsatzbeteiligung des ersten Quartals.

b) Wie gross ist sein durchschnittlicher Monatslohn im ersten Quartal, wenn der Fixlohn Fr. 3875.– beträgt?

**7.5 Die Detailhandelsangestellte Franziska Zosso hat einen Grundlohn von Fr. 3650.– und eine Umsatzbeteiligung von 0,75%. Im zweiten Quartal erzielt sie folgende Umsätze: April: Fr. 38575.20, Mai: Fr. 47043.30, Juni: Fr. 46496.40.**

a) Berechnen Sie die gesamte Umsatzbeteiligung des zweiten Quartals.

b) Wie gross ist ihr durchschnittlicher Monatslohn im zweiten Quartal, wenn der Fixlohn Fr. 3650.– beträgt?

**7.6 Flavia Casotti erhält bei einem Umsatz von Fr. 191040.– eine Provision von Fr. 1432.80. Was ist Flavias Provisionssatz?**

**7.7 Henning Grotzer erhält bei einem Umsatz von Fr. 169180.– eine Provision von Fr. 1057.40. Was ist Hennings Provisionssatz?**

7.8 Bei einem Umsatz von Fr. 97 855.30 erhält Gian Lippi eine Provision von Fr. 856.25. Mit wie vielen Prozenten ist Gian am Umsatz beteiligt?

7.9 Felisa Dobler hat zusätzlich zu ihrem Lohn einen fixen Provisionssatz von 1,125 % vom Umsatz. Wie viel Provision erhält Felisa ausbezahlt, wenn sie Fr. 157 280.40 Umsatz erzielt?

7.10 Fynn Disler hat zusätzlich zu seinem Lohn einen fixen Provisionssatz von 0,625 % vom Umsatz. Wie viel Provision erhält Fynn ausbezahlt, wenn er Fr. 215 728.40 Umsatz erzielt?

7.11 Berechnen Sie den zu erreichenden Umsatz, wenn pro Mitarbeiter*in im Monat Fr. 520.– Provision ausbezahlt werden soll und die Mitarbeiter*innen mit 1,875 % am Umsatz beteiligt sind.

7.12 Berechnen Sie den zu erreichenden Umsatz, wenn pro Mitarbeiter*in im Monat Fr. 325.– Provision ausbezahlt werden soll und die Umsatzbeteiligung 0,8 % ist.

# 8 PREISÄNDERUNGEN

Preisänderungen bedeuten Erhöhungen oder Senkungen des ursprünglichen Verkaufspreises. Der ursprüngliche Preis (vor der Preisänderung) beträgt 100 %. Gelöst werden solche Aufgaben mittels Dreisatz.

Verschiedene Ursachen können dazu führen, dass Preise erhöht oder gesenkt werden müssen.

Preiserhöhungen können ihre Ursachen entweder bei der Warenbeschaffung (indem z. B. der Lieferant seine Preise erhöht oder die Transportkosten, Zoll oder Versicherung teurer werden) oder durch höhere Betriebskosten (z. B. Löhne, Miete) des*der Detaillist*in haben.

Preissenkungen werden möglich durch günstigere Warenbeschaffung (der Lieferant senkt die Preise), günstigere Transportkosten, Zoll- oder Steuersenkungen. Betrieblich können Preissenkungen ihre Ursachen in Rationalisierungsmassnahmen und daraus resultierenden tieferen Gemeinkosten, in einem zu hohen Lagerbestand, in einer Anpassung an die billigere Konkurrenz oder in Sonderverkäufen haben.

**Festlegung:** Der alte Preis entspricht immer 100 %.

*Beispiel 1:*

*Höhere Erdölpreise verteuerten die Papierbeschaffung. Eine Papeterie musste ihre Preise für 500 Blatt A4-Papier um Fr. 1.50 auf Fr. 21.– heraufsetzen. Berechnen Sie die Preiserhöhung in Prozenten.*

*Lösung:*

*Der alte Preis beträgt somit Fr. 19.50 (Fr. 21.– minus Fr. 1.50)*

*Gegeben:* *Alter Preis Fr. 19.50* = *100 %*
*Gesucht:* *Preiserhöhung Fr. 1.50* = *? %*

*Dreisatz:*

| | | | | |
|---|---|---|---|---|
| | Fr. 19.50 | —— | 100 % | |
| ↓ : 19,5 | Fr. 1.– | —— | 5,13 % | ↓ : 19,5 |
| ↓ × 1,5 | Fr. 1.50 | —— | 7,69 % | ↓ × 1,5 |

*T-Balken:*

| Fr. | % |
|---|---|
| 19.50<br>1<br>1.50 | $\frac{100 \times 1.50}{19.50} = 7{,}69\,\%$ |

*Beispiel 2:*

*Ein Handy wird mit 40 % Preisreduktion für neu Fr. 336.– angeboten. Berechnen Sie die Preisermässigung in Franken und den alten Preis.*

*Lösung:*

| | | | |
|---|---|---|---|
| *Gegeben:* | *Neuer Preis 60 %* | = | *Fr. 336.–* |
| *Gesucht:* | *Preisreduktion 40 %* | = | *Fr. ?* |

*Zweisatz:*

60 % ← (:) Fr. 336.–

↓ (×)

40 % → (=) Fr. 224.–

*Dreisatz:*

| | | |
|---|---|---|
| 60 % | — | Fr. 336.– |
| 1 % (: 60) | — | Fr. 5.60 (: 60) |
| 40 % (× 40) | — | Fr. 224.– (× 40) |
| 100 % | — | Fr. 560.– |

*T-Balken:*

| % | Fr. |
|---|---|
| 60 | 336 × 40 |
| 1 | |
| 40 | 60 |

$$\frac{336 \times 40}{60} = \text{Fr. } 224.\text{–}$$

= Fr. 224.– + Fr. 336.– = Fr. 560.–

*Die Preisreduktion beträgt Fr. 224.– und der alte Preis somit Fr. 560.–.*

**8.1 Im Sonderverkauf wird ein TV-Gerät von Fr. 1 500.– mit 25 % Preisermässigung angeboten. Wie viel kostet das Gerät nun?**

**8.2 In einer Aktion werden Pampers zu Fr. 29.90 mit 20 % Rabatt angeboten. Wie viel bezahlen Kund*innen für die Windeln?**

**8.3 Infolge schlechter Witterungsverhältnisse haben sich die Preise für Landwirtschaftsprodukte massiv verteuert. Ein Kopfsalat kostet nun Fr. 1.20 mehr, d. h. er ist um 47 % teurer geworden.**

a) Welches war der Preis eines Kopfsalats vor dem Aufschlag?

b) Wie viel kostet ein Kopfsalat neu?

**8.4 Infolge schlechter Witterungsverhältnisse haben sich die Preise für Landwirtschaftsprodukte massiv verteuert. Zucchetti kosten nun pro kg Fr. 1.80 mehr, d. h. sie sind 38 % teurer geworden.**

a) Welches war der Preis für 1 kg Zucchetti vor dem Aufschlag?

**b)** Wie viel kostet 1 kg Zucchetti neu?

**8.5 Auf einem Flyer werden die neuesten Kinofilme zu sensationellen Preisen angeboten. Nach Abzug von 45 % Rabatt kosten die Actionfilme noch Fr. 15.40. Wie viel betrug der Preis vor der Aktion?**

**8.6 In einem Werbespot wird eine Sonnencrème mit einem hohen Sonnenschutzfilter beworben. Als Einführungsangebot gewährt man 35 % Rabatt und verkauft das Produkt zu Fr. 17.45. Wie viel beträgt der Preis ohne den Rabatt?**

**8.7 Da der Dollarkurs stark gestiegen ist, werden die Preise aller Importwaren, die in Dollar gehandelt werden, um 15 % erhöht. Berechnen Sie die Preisaufschläge und die neuen Verkaufspreise der folgenden drei Waren.**

| | | |
|---|---|---|
| Ware A: | alter Preis | Fr. 15.20 |
| Ware B: | alter Preis | Fr. 65.80 |
| Ware C: | alter Preis | Fr. 145.50 |

**8.8 Alle Importwaren, die in Dollar gehandelt werden, können Sie um 12% reduzieren, da der Wechselkurs für Dollars seit der letzten Kalkulation stark gefallen ist. Berechnen Sie die Preisermässigungen und die neuen Verkaufspreise der drei Produkte.**

| | | |
|---|---|---|
| Produkte A: | alter Preis | Fr. 245.50 |
| Produkte B: | alter Preis | Fr. 198.40 |
| Produkte C: | alter Preis | Fr. 57.50 |

**8.9 Starker Hagelschlag zerstörte die gesamte Kirschernte im Fricktal. Dies hatte eine massive Verteuerung der Preise für Kirschen zur Folge. Der Verkaufspreis von 500 g Kirschen verteuerte sich von Fr. 2.80 auf Fr. 3.60. Berechnen Sie den Preisaufschlag in Prozent.**

**8.10 Wegen grosser Nachfrage verteuerten sich die Chip-Preise massiv. Der Verkaufspreis erhöhte sich von Fr. 127.50 auf Fr. 183.50. Berechnen Sie den Preisaufschlag in Prozent.**

**8.11 In der Kleiderboutique gibt es Probleme mit dem Absatz der Shirts. Aus diesem Grund werden die Preise aller Shirts um Fr. 15.– reduziert. Berechnen Sie die Preisermässigungen drei verschiedener Shirts auf ganze Prozente genau.**

| | | |
|---|---|---|
| Shirt A: | alter Preis | Fr. 29.80 |
| Shirt B: | alter Preis | Fr. 34.50 |
| Shirt C: | alter Preis | Fr. 37.50 |

**8.12 Nach den Sommerferien werden alle Badesachen um Fr. 20.– reduziert. Berechnen Sie die Preisermässigungen der drei verschiedenen Bikinis auf ganze Prozente genau.**

| | | |
|---|---|---|
| Bikini A: | alter Preis | Fr. 69.50 |
| Bikini B: | alter Preis | Fr. 85.70 |
| Bikini C: | alter Preis | Fr. 98.– |

**8.13 Als Einführungsangebot werden die neuen Biscuits mit 33,33 % Rabatt für Fr. 3.20 verkauft. Berechnen Sie den normalen Verkaufspreis und den Rabatt, den Sie bei vier Schachteln erzielen.**

**8.14 Die Firma Steinfels führt ein neues Putzmittel ein. Als Promotion gibt sie 40 % Einführungsrabatt. Berechnen Sie den normalen Verkaufspreis und den Rabatt, den Sie bei zwei Flaschen erzielen, wenn der Einführungspreis Fr. 4.80 ist.**

# 9 ZUGABE / NATURALRABATT

Bei einer Zugabe erhält der Kunde für den normalen Preis eines Produkts zusätzliche Ware gratis.

Den Rabattsatz berechnen Sie, indem Sie die Zugabe (kostenlose Zusatzware) in Beziehung zur gesamten Lieferung setzen.

Sie rechnen:

$$100 - \frac{\text{Wert der bezahlten Ware} \times 100}{\text{Wert der mitgenommenen Ware}}$$

oder anders:

Alle Stücke zusammen entsprechen immer 100 %. Sie rechnen also:

| | | | |
|---|---|---|---|
| *Gegeben:* | *Anzahl sämtlicher Stücke* | = | *100 %* |
| *Gesucht:* | *Anzahl geschenkter Stücke* | = | *? %* |

*Beispiel:*

*Ein*e Detaillist*in bietet den Kund*innen eine Aktion Joghurts «3 für 2» an. Das bedeutet, dass Kund*innen drei Joghurts mitnehmen dürfen und nur deren zwei bezahlen müssen. Wie viele Prozent Ermässigung erhalten die Kund*innen?*

*Lösung:*

*Die Kund*innen erhalten von drei Joghurts eines gratis. Ihnen wird also 33⅓ % Rabatt gewährt.*

*Zweisatz bei 3 für 2:*

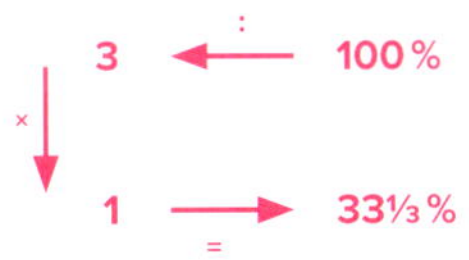

**9.1** In einer «5 für 3»-Aktion wird Zahnpasta verkauft. Wie gross ist der Rabatt in Prozenten?

**9.2** In einer «9 für 6»-Aktion werden Taschentücher verkauft. Wie gross ist der Rabatt in Prozenten?

**9.3** Sechs Batterien kosten Fr. 7.20. In einer Aktion werden für den gleichen Betrag acht Batterien angeboten. Berechnen Sie den Rabatt in Prozent.

**9.4** Drei Becher Eiscreme kosten Fr. 8.40. In einer Aktion werden für den gleichen Betrag vier Becher angeboten. Berechnen Sie den Rabatt in Prozent.

**9.5** Beim Kauf eines Kopfhörers im Wert von Fr. 195.- erhält eine Kundin ein passendes Etui im Wert von Fr. 25.- gratis dazu. Welchem Rabatt in Prozenten entspricht dies?

**9.6** Beim Kauf eines Anzugs im Wert von Fr. 495.- erhält ein Kunde eine Krawatte im Wert von Fr. 75.- gratis dazu. Welchem Rabatt in Prozenten entspricht dies?

**9.7** Beim Kauf eines Druckers im Wert von Fr. 239.90 erhält eine Kundin eine Tonerkartusche im Wert von Fr. 52.60 gratis dazu. Welchem Rabatt in Prozenten entspricht dies?

**9.8** Die Bäckerei Steinbock bietet ihrer Kundschaft folgendes Sonntagsangebot: Zwei Gipfeli umsonst bei einem Kauf eines Butterzopfs im Wert von Fr. 7.50. Welchem Rabatt in Prozenten entspricht dies, wenn ein Gipfeli Fr. 1.20 kostet?

**9.9** Beim Kauf eines Autos im Wert von Fr. 49 000.- erhält eine Kundin vier Winterreifen inkl. Felgen umsonst. Welchem Rabatt in Prozenten entspricht dies, wenn ein Reifen inkl. Felge einen Wert von Fr. 875.– hat?

# 10 RABATT

Als Rabatt bezeichnet man eine Preisreduktion. Diese wird zwischen Käufer*in und Verkäufer*in vereinbart. Der Preisnachlass (Abzug) wird in der Regel vom Bruttopreis (= 100 %) berechnet.

Je nachdem, wofür und wann die Preisreduktion gewährt wird, spricht man unter anderem von Mengenrabatt, Saisonrabatt, Spezialrabatt, Mitnahmerabatt oder Personalrabatt.

Bruttopreis: Geschäfte, die Rabatte gewähren, schreiben ihre Waren im Schaufenster, in Katalogen und Prospekten meist zu Bruttopreisen an, auf die sie dann möglicherweise Rabatt gewähren.

Rechnungsbetrag: Auf diesen Betrag lautet die Rechnung.

*Beispiel:*

*Ein T-Shirt lässt sich wegen seiner Farbe nur noch schlecht verkaufen. Der*die Detaillist*in hat noch einen grösseren Posten an Lager. Um diesen verkaufen zu können, gewährt er*sie 45 % Rabatt auf dem Bruttopreis von Fr. 36.–. Wie hoch fällt der Rechnungsbetrag aus?*

*Lösung:*

| | | | |
|---|---|---|---|
| *Gegeben:* | *Bruttopreis 100 %* | = | *Fr. 36.–* |
| *Gesucht:* | *Rechnungsbetrag 55 %* | = | *Fr. ?* |

| | | | |
|---|---|---|---|
| | *Bruttopreis* | *Fr. 36.–* | *100 %* |
| – | *Rabatt* | *Fr. 16.20* | *45 %* |
| | *Rechnungsbetrag* | *Fr. 19.80* | *55 %* |

*Zweisatz:*

| | | | |
|---|---|---|---|
| 100 % | ← (:) | Fr. 36.– | |
| ↓ × | | | |
| 55 % | → (=) | Fr. 19.80.– | |

*Dreisatz:*

| | | | | |
|---|---|---|---|---|
| | 100 % | — | Fr. 36.– | |
| ↓ : 100 | 1 % | — | Fr. 0.36 | ↓ : 100 |
| ↓ × 55 | 55 % | — | Fr. 19.80 | ↓ × 55 |

**10.1 Eine Parfümerie konnte einen Posten Bodylotions günstig einkaufen und will Kund*innen davon profitieren lassen. Im Rahmen dieser Aktion verkauft man z. B. eine Bio-Gesichtslotion, die normal Fr. 39.80 kostet, mit einem Rabatt von 22 %.**

a) Wie gross ist der Rabatt in Franken und Rappen?

b) Wie viel müssen Kund*innen demnach dafür bezahlen?

**10.2 Ein Lebensmitteldiscounter verkauft als Lockvogelaktion Schokolade, die einen Richtpreis von Fr. 2.45 hat, mit einem Rabatt von 37,5 %.**

a) Wie gross ist der Rabatt in Franken und Rappen?

b) Wie viel müssen Kund*innen demnach dafür bezahlen?

**10.3 Koray Planta kauft mit 28 % Personalrabatt einen Cross-Country-Sportschuh und zahlt Fr. 164.15 bar.**

a) Wie hoch ist der Bruttopreis des Sportschuhs?

b) Wie gross ist der Rabatt in Franken und Rappen?

**10.4 Lena Arnosti kauft mit 5 % Blaupunktrabatt einen luftigen Sommerjupe. Sie zahlt dafür netto Fr. 121.60.**

a) Wie hoch ist der Bruttopreis des Jupes?

b) Wie gross ist der Rabatt in Franken und Rappen?

**10.5 Sie finden in der Zeitung folgendes Top-Angebot für ein neues TV-Gerät: Katalog-Preis Fr. 1 560.–, Rabatt Fr. 561.60.**

a) Wie viel kostet das TV-Gerät nach Abzug des Rabattes in Franken?

b) Wie viele Prozente beträgt der Rabatt?

**10.6 Am Schaufenster eines Multimedia-Discounters hängt folgendes Plakat: Top-Angebot! Laptop: Katalog-Preis Fr. 1 250.–, Rabatt Fr. 555.–.**

a) Wie viel kostet der Laptop nach Abzug des Rabattes in Franken?

b) Wie viele Prozente beträgt der Rabatt?

**10.7 Eine Kundin bezahlt ein Tennis-Racket bar. Nach Abzug des Rabattes für Tennisclubmitglieder von 8 % bezahlt sie Fr. 596.15.**

a) Welches war der Bruttopreis in Franken?

b) Wie gross war der Rabatt in Franken und Rappen?

**10.8 Nach Abzug des Rabattes für Senior*innen von 5 % bezahlt ein Kunde für Gesundheitsschuhe Fr. 188.10.**

a) Welches war der Bruttopreis in Franken?

b) Wie gross war der Rabatt in Franken und Rappen?

**10.9 Dem Kunden Nick Heller gewährte man für eine Handtasche 12 % Stammkunden-Rabatt. Der Rabatt betrug Fr. 50.40.**

a) Mit welchem Betrag war die Handtasche ausgezeichnet?

b) Welchen Betrag bezahlte sie an der Kasse?

**10.10 Ein Besteck wird im Set mit 22 % Rabatt gegenüber dem Einzelpreis angeboten. Kundin Elena Petorutto spart dadurch für ihr Besteck Fr. 192.80.**

a) Mit welchem Betrag war das Besteck ausgezeichnet?

b) Welchen Betrag bezahlte sie an der Kasse?

**10.11 Kundin Carla Gut leistete sich eine neue Gartenschere. Sie kaufte anlässlich einer Aktion die Schere mit 16 % Rabatt und bezahlte so nur noch Fr. 29.80.**

a) Wie war die Gartenschere vor der Aktion ausgezeichnet?

b) Berechnen Sie Carlas Rabatt in Franken und Rappen.

**10.12 Ein Rasenmäher kostet brutto Fr. 520.–.**

a) Wie gross ist der Rabattabzug in Prozenten, wenn der Rechnungsbetrag auf Fr. 455.– lautet?

b) Auf wie viele Prozente des ursprünglichen Preises lautet der Rechnungsbetrag?

**10.13 Ihr Kollege «Speedy» hat sich einen nagelneuen Golf GTi gekauft und dafür Fr. 32 837.50 bezahlt. Der Garagist hat ihm 7,5 % Rabatt auf den Katalogpreis gewährt.**

a) Mit wie viel Franken steht der Golf im Katalog?

b) Berechnen Sie den Rabatt in Franken.

**10.14 An der Frühjahrsausstellung hat sich Svenja Ruef einen neuen Toyota Yaris gekauft. Nach Abzug des Ausstellungsrabatts von 5,5 % hat sie noch Fr. 22 840.65 bezahlt.**

a) Welchen Katalogpreis hat der Yaris?

b) Berechnen Sie den Ausstellungsrabatt in Franken.

# 11 SKONTO

Als Skonto bezeichnet man den Betrag, um den Detaillist*innen ihre Rechnungen reduzieren, wenn der*die Käufer*in bar (oder bei einer Rechnung innerhalb einer vereinbarten Frist) bezahlt. Skonto ist demnach ein Preisnachlass, der als Entschädigung für rasches Zahlen gewährt wird. Skonto wird in der Rechnung nur erwähnt, nicht aber abgezogen.

Kund*innen haben die Wahl, ob sie den Skonto abziehen wollen oder nicht: sie sind bei entsprechendem Vertrag dazu berechtigt, wenn sie die gegebene Zahlungsfrist einhalten.

Rechnungsbetrag: Auf diesen Betrag lautet die Rechnung.

Nettopreis: Preis, den der Käufer nach Abzug von Rabatt und Skonto tatsächlich bezahlt.

*Beispiel:*

*Peter Bolt zahlt bar Fr. 450.80 nach Abzug von 2 % Skonto. Wie hoch war der Rechnungsbetrag?*

*Lösung:*

| | | | |
|---|---|---|---|
| *Gegeben:* | *Nettopreis 98 %* | = | *Fr. 450.80* |
| *Gesucht:* | *Rechnungsbetrag 100 %* | = | *Fr. ?* |

| | | | |
|---|---|---|---|
| | *Rechnungsbetrag* | *Fr. 450.80* | *100 %* |
| – | *Skonto* | | *2 %* |
| | *Nettoankaufspreis* | *Fr. 450.80* | *98 %* |

*Anmerkung: Da zurückgerechnet wird, steht das Resultat oben im Schema.*

*Zweisatz:*

| | | | |
|---|---|---|---|
| **98 %** | ← : | **Fr. 450.80** | |
| ↓ × | | | |
| **100 %** | → = | **Fr. 460.–** | |

*Dreisatz:*

| | | | | |
|---|---|---|---|---|
| | **98 %** | — | **Fr. 450.80** | |
| ↓ :98 | **1 %** | — | **Fr. 4.60** | ↓ :98 |
| ↓ ×100 | **100 %** | — | **Fr. 460.–** | ↓ ×100 |

**11.1 Ein Autologistikgeschäft gewährt Kund*innen 3 % Skonto. Ein Kunde profitiert von diesem Angebot und kauft für einen Rechnungsbetrag von Fr. 1 236.40 ein.**

a) Wie gross ist der Skonto in Franken und Rappen?

b) Wie viel muss der Kunde demnach dafür bezahlen?

**11.2 Ein Möbelfachgeschäft gewährt Kund*innen 2 % Skonto. Eine Kundin profitiert von diesem Angebot und kauft für einen Rechnungsbetrag von Fr. 2 123.60 ein.**

a) Wie gross ist der Skonto in Franken und Rappen?

b) Wie viel muss die Kundin demnach dafür bezahlen?

**11.3 Ein Malspezialgeschäft gewährt Kund*innen 2% Skonto. Mario Comensoli zahlte für seinen Einkauf von Farben und Pinsel dadurch nur noch Fr. 364.80.**

a) Welches war der Rechnungsbetrag?

b) Berechnen Sie den Skontoabzug in Franken und Rappen.

**11.4 Auf einen Rechnungsbetrag von Fr. 163.55 zahlten Sie Fr. 158.60.**

a) Berechnen Sie den Skontoabzug in Franken und Rappen.

b) Welchen Skontoabzug in Prozenten gewährt man Ihnen?

c) Wie viele Prozente des Rechnungsbetrages beträgt die Zahlung?

**11.5 Nach Abzug von Skonto zahlten Sie für einen Einkauf von Fr. 367.50 Fr. 352.80.**

a) Berechnen Sie den Skontoabzug in Franken und Rappen.

b) Welchen Skontoabzug in Prozenten gewährt man Ihnen?

c) Wie viele Prozente des Rechnungsbetrages beträgt die Zahlung?

**11.6 Der Gemüsehändler gewährt dem Wirt 3 % Skonto. Der Rechnungsbetrag beläuft sich auf Fr. 1 450.–**

a) Berechnen Sie den Skontoabzug in Franken und Rappen.

b) Berechnen Sie den Nettopreis in Franken und Rappen.

**11.7 Die Schule kann von ihrer Materiallieferung Fr. 125.60 Skonto abziehen. Die Papeterie gewährt der Schule als gute Kundin bei Bezahlung innert 10 Tagen immer einen Skonto.**

a) Wie gross ist dieser in Prozenten, wenn der Rechnungsbetrag Fr. 6 280.– ist?

b) Wie viel beträgt der Nettopreis?

**11.8 Der Skonto, den das Elektronikgeschäft Herrn Stuber gewährte, betrug Fr. 37.95. Der Rechnungsbetrag lautete auf Fr. 1 265.–.**

a) Wie viele Prozente beträgt der Skonto?

b) Wie gross ist der Nettopreis?

**11.9 Eine Papeterie gewährt ihren Stammkund*innen 15 % Rabatt und 2 % Skonto. Zu den Kund*innen dieser Papeterie zählt auch der ortsansässige Supermarkt. Im Monat Juli hat der Supermarkt Produkte für einen Verkaufspreis von total Fr. 1 534.35 bezogen.**

a) Wie gross ist der Rabatt?

b) Berechnen Sie den Rechnungsbetrag.

c) Wie gross ist der Skonto?

d) Welchen Betrag zahlt der Supermarkt an die Papeterie?

**11.10 Eine Kleiderboutique gewährt ihren Stammkund*innen 12 % Rabatt und 3 % Skonto. Elisa Planta kaufte für Fr. 1 253.45 Kleider und Accessoires.**

a) Wie gross ist der Rabatt?

b) Berechnen Sie den Rechnungsbetrag.

c) Wie gross ist der Skonto?

**d)** Welchen Betrag zahlt Elisa der Kleiderboutique?

**11.11 Sie erhalten den Postgirobeleg der Zahlung Ihrer Kundin Pernille Muhr von Fr. 523.80 mit dem Vermerk: «Ihre Rechnung No. 1211 vom 12.01. abzüglich 3 % Skonto». Sie gewährten der Kundin auf dem Bruttopreis 12 % Rabatt.**

**a)** Wie gross ist der Skonto?

**b)** Berechnen Sie den Rechnungsbetrag.

**c)** Wie gross ist der Rabatt?

**d)** Welches ist der Bruttopreis?

**11.12 Sie zahlen per Postgiro Fr. 960.40 für eine Sendung von 48 Platztellern. Sie haben dabei 2 % Skonto und 33⅓ % Rabatt abgezogen.**

a) Wie gross ist der Skonto?

b) Berechnen Sie den Rechnungsbetrag.

c) Wie gross ist der Rabatt?

d) Welches ist der Bruttopreis der Sendung?

e) Welches ist der Bruttopreis eines einzelnen Platztellers?

# 12 PREISBESTIMMUNG IM DETAILHANDEL – KALKULATION

Für die meisten Konsumgüter bestehen keinerlei Vorschriften über die Höhe des Verkaufspreises. Die Preisbildung ist grundsätzlich frei. Konsument*innenumfragen zeigen, dass die Verkaufspreise bei der Wahl eines bestimmten Detailhandelsgeschäftes eine wichtige Rolle spielen.

### Die drei K

In der Praxis kann der Verkaufspreis aufgrund der drei K bestimmt werden (Kosten, Konkurrenz und Kund*innenzahlungsbereitschaft):

PREISBESTIMMUNG – DIE DREI K

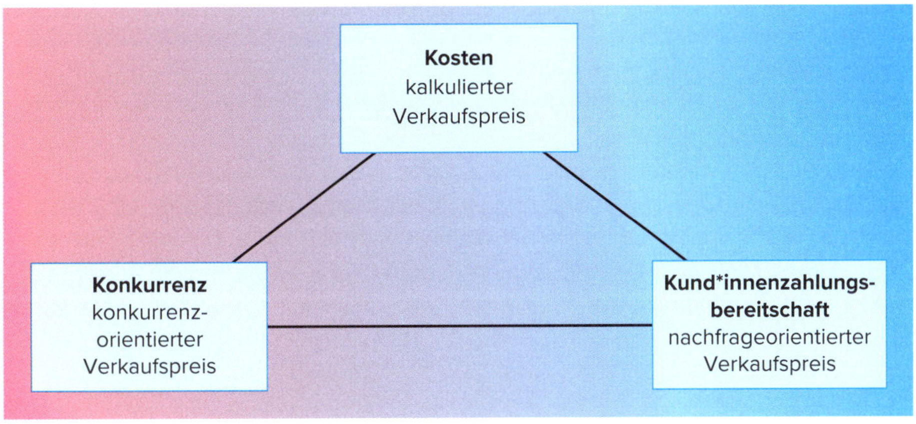


Die drei K können bei der Preisbestimmung unterschiedlich stark gewichtet werden. Gewisse Unternehmen orientieren sich vor allem an den Kosten und stützen sich daher stark auf kalkulierte Verkaufspreise. Andere richten sich stärker am Markt aus und berücksichtigen vor allem die Konkurrenz oder die Zahlungsbereitschaft der Kundschaft. Viele Betriebe nehmen jedoch eine Mitteposition ein und lassen alle drei Aspekte in die Preisbestimmung einfliessen.

Wie stark die drei K gewichtet werden, ist letztlich eine Frage des Marketings. Im Folgenden wird auf die drei Aspekte der Preisbestimmung vertieft eingegangen.

## Kalkulierter Verkaufspreis

Bei der kostenorientierten Preisbildung wird der Verkaufspreis eines Artikels so kalkuliert oder berechnet (angesetzt), dass alle Kosten des Geschäfts gedeckt sind und dazu ein Gewinn erzielt werden kann. Diese Preisberechnung heisst Kalkulation, die Preisstufen werden kalkuliert. Die Grundlage für die Preiskalkulation bildet die von der Buchhaltung erstellte Erfolgsrechnung. Zur Vereinfachung wird bei den folgenden Kalkulationen die Mehrwertsteuer nicht berücksichtigt.

**ZUSAMMENHANG WERTSCHÖPFUNGSKETTE – ERFOLGSRECHNUNG – GESAMTKALKULATION**

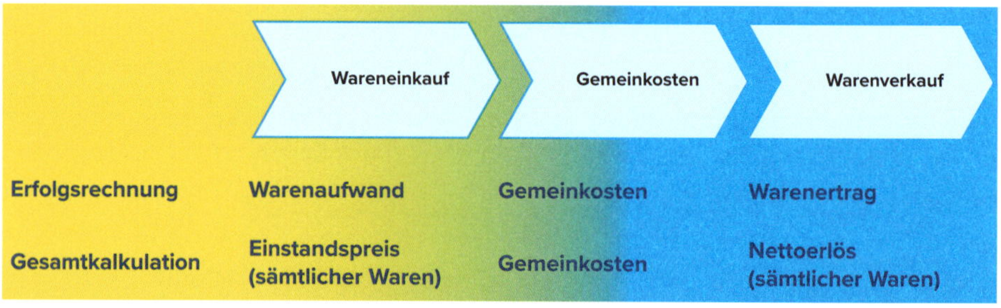


### Einkaufskalkulation (Bezugskalkulation)

Der **Einstandspreis** beinhaltet alle Kosten, die mit der Beschaffung eines Artikels entstehen, bis dieser im Geschäft (an Lager) ist. Diese Berechnung nennt man Einkaufs- oder Bezugskalkulation. Dabei werden die einzelnen Schritte der Warenbeschaffung preislich erfasst.

Am Anfang der Warenbeschaffung stehen die Verhandlungen mit Lieferanten. Dabei werden sowohl die Preis- und Zahlungskonditionen als auch die Lieferkonditionen vertraglich vereinbart. Um einen möglichst günstigen Einkaufspreis zu erzielen, versucht man Rabatte und Skonti zu vereinbaren.

Zu den **Bezugskosten** gehört der Transport der Artikel samt eventueller Versicherung. Gemäss Obligationenrecht sind Warenschulden Holschulden. Der Käufer bezahlt also die Transport- und Versicherungskosten, falls nichts anderes vereinbart wird.

*Beispiele von Bezugskosten: Transportkosten, Transportversicherung, Zollabgaben.*

#### EINKAUFSKALKULATION (BEZUGSKALKULATION)

| DOKUMENTE/ERKLÄRUNGEN | PREISSTUFE | ABKÜRZUNG |
|---|---|---|
| Preis gemäss Preisliste, Offerte, Katalog, Bestellung<br>Rabatt gemäss Offerte, Abmachung, Vertrag | Bruttoankaufspreis<br>– Rabatt | BAP<br>– R |
| Lieferantenrechnung<br>Skonto gemäss Offerte, Abmachung, Vertrag | Rechnungsbetrag<br>– Skonto | RB<br>– S |
| Bezahlung an Lieferanten<br>Kosten für Transport, Zoll, Posttaxen, Versicherung usw. | Nettoankaufspreis<br>+ Bezugskosten | NAP<br>+ BK |
| Preis, der sämtliche Kosten der Ware und der Beschaffung beinhaltet (so viel kosten die Waren, bis sie im Geschäft sind) | Einstandspreis | EP |

**Bruttoankaufspreis – Rabatt – Skonto + Bezugskosten = Einstandspreis**

## Verkaufskalkulation

Der Verkaufspreis eines Artikels berechnet sich einerseits aus dem Einstandspreis für diesen Artikel und andererseits aus den Kosten, die durch das Führen eines Detailhandelsbetriebs anfallen (Gemeinkosten) und einem möglichen Reingewinn.

**Gemeinkosten** entstehen durch den Betrieb eines Geschäftes, sie können nicht direkt einem bestimmten Artikel zugeordnet werden. Deshalb verteilt man die Gemeinkosten gleichmässig auf alle Artikel.

*Beispiele von Gemeinkosten:*

- *Personalkosten: z. B. Löhne oder Sozialleistungen (auch des Geschäftsinhabers)*
- *Raumkosten: z. B. Miete, Heizung oder Elektrizität*
- *Bürokosten: z. B. Büromaterial, Telefon, Fax oder Internet*
- *Werbekosten: z. B. Inserate, Prospekte, Plakate, Sponsoring, Innen- und Schaufensterdekoration oder Verpackungsmaterial*
- *Fahrzeugkosten: z. B. Amortisation (Abschreibung oder Wertverminderung), Versicherungen, Reparaturen oder Treibstoff*
- *Übrige Betriebskosten: z. B. Zinskosten für Kredite oder Service- und Reparaturkosten*

Als **Selbstkosten** bezeichnet man die gesamten Kosten, die durch das Anbieten eines Artikels entstanden sind:

**Einstandspreis + Gemeinkosten = Selbstkosten**

Da man die Gemeinkosten im Detailhandel nicht pro Artikel ermitteln kann, werden sie meist als **Zuschlagsatz** in Prozenten des Einstandspreises gerechnet und zum Einstandspreis «zugeschlagen». Die Zahlen werden der Buchhaltung entnommen:

Formel:

$$\text{Gemeinkostenzuschlag} = \frac{\text{Gemeinkosten} \times 100}{\text{Einstandspreis}}$$

oder

| | | |
|---|---|---|
| | EP | (100 %) |
| + | GK | (25 %) |
| | SK | (125 %) |

Bei der Berechnung der **Gemeinkostenquote** sind die Selbstkosten der Ausgangspunkt.

Formel:

$$\text{Gemeinkostenquote} = \frac{\text{Gemeinkosten} \times 100}{\text{Selbstkosten}}$$

oder

| | | |
|---|---|---|
| | EP | (80 %) |
| + | GK | (20 %) |
| | SK | (100 %) |

*Beispiel:*

| | | *Gemeinkosten-zuschlag* | *Gemeinkosten-quote* |
|---|---|---|---|
| *EP* | *Fr. 160.–* | ***100 %*** | *80 %* |
| *+ GK* | *Fr. 40.–* | *25 %* | *20 %* |
| *SK* | *Fr. 200.–* | *125 %* | ***100 %*** |

Ein **Reingewinn** entsteht, wenn der gesamte Verkaufsumsatz grösser ist als die entsprechenden Selbstkosten. Der Reingewinn ist somit die Differenz zwischen Ertrag und Aufwand.

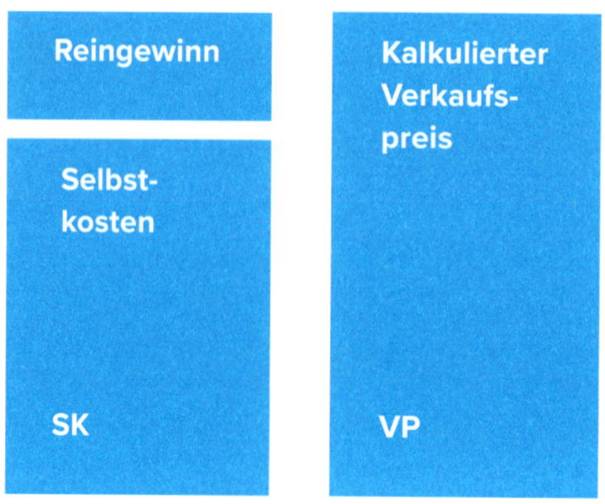

Der erwünschte **Reingewinn** wird als Zuschlagsatz in Prozenten zu den Selbstkosten gerechnet. Die Höhe des Zuschlags wird aus den Vorjahreszahlen der Buchhaltung ermittelt.

Formel:

$$\text{Reingewinnzuschlag} = \frac{\text{Reingewinn} \times 100}{\text{Selbstkostenpreis}} \quad \text{oder} \quad \begin{array}{lr} \text{SK} & (100\,\%) \\ +\,\text{RG} & (10\,\%) \\ \hline \text{VP} & (110\,\%) \end{array}$$

Bei der Berechnung der **Reingewinnquote** ist der Verkaufspreis der Ausgangspunkt.

Formel:

$$\text{Reingewinnquote} = \frac{\text{Reingewinn} \times 100}{\text{Verkaufspreis}} \quad \text{oder} \quad \begin{array}{lr} \text{SK} & (90.9\,\%) \\ +\,\text{RG} & (9.1\,\%) \\ \hline \text{VP} & (100\,\%) \end{array}$$

*Beispiel:*

| | | *Reingewinn-zuschlag* | *Reingewinn-quote* |
|---|---|---|---|
| *SK* | *Fr. 200.–* | *100 %* ↓ | *90.9 %* ↑ |
| *+ RG* | *Fr. 20.–* | *10 %* ↓ | *9.1 %* ↑ |
| *VP* | *Fr. 220.–* | *110 %* ↓ | *100 %* ↑ |

**VERKAUFSKALKULATION MITTELS GEMEINKOSTEN PLUS REINGEWINN**

| DOKUMENTE/ERKLÄRUNGEN | PREISSTUFE | ABKÜRZUNG |
|---|---|---|
| Preis, der sämtliche Kosten der Ware und der Beschaffung beinhaltet | Einstandspreis | EP |
| Kosten, die nicht direkt einem Artikel zugeordnet werden können | + Gemeinkosten | + GK |
| Preis, der sämtliche Kosten deckt (kein Gewinn und kein Verlust) | Selbstkosten | SK |
| Risikoprämie | + Reingewinn | + RG |
| Preis ohne Mehrwertsteuer | Verkaufspreis | VP |

### Verkaufskalkulation mittels Bruttogewinn

Mit dem Bruttogewinn kann vom Einstandspreis direkt der Verkaufspreis (Nettoerlös) berechnet werden. Der Bruttogewinn ist die Differenz zwischen dem Verkaufspreis und dem Einstandspreis (Warenertrag – Warenaufwand). Dies vereinfacht die Preisberechnung, da die Selbstkosten nicht speziell ausgewiesen werden.

**Einstandspreis + Bruttogewinn = Verkaufspreis**

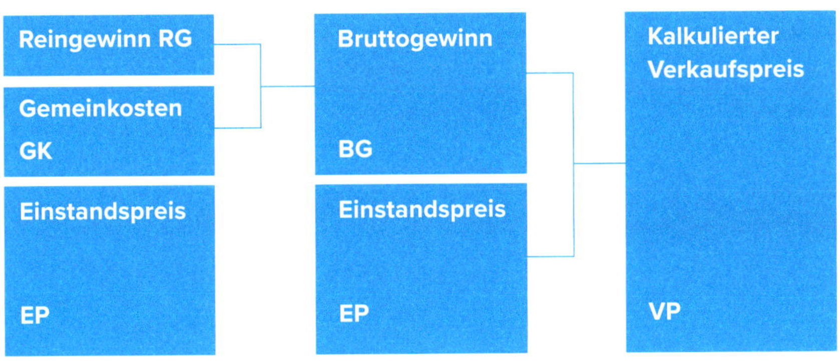

Bei der Berechnung des **Bruttogewinnzuschlags** ist der Endpreis der Ausgangspunkt.

Formel:

$$\text{Bruttogewinnzuschlag} = \frac{\text{Bruttogewinn} \times 100}{\text{Einstandspreis}}$$

oder

| | | |
|---|---|---|
| | EP | (100 %) |
| + | BG | (37.5 %) |
| | VP | (137.5 %) |

Bei der Berechnung der **Bruttogewinnquote** ist der Verkaufspreis der Ausgangspunkt.

Formel:

$$\text{Bruttogewinnquote} = \frac{\text{Bruttogewinn} \times 100}{\text{Verkaufspreis}}$$

oder

| | | |
|---|---|---|
| | EP | (72.7 %) |
| + | BG | (27.3 %) |
| | VP | (100 %) |

*Beispiel:*

| | | *Bruttogewinnzuschlag* | *Bruttogewinnquote* |
|---|---|---|---|
| *EP* | *Fr. 160.–* | ***100 %*** ↓ | *72.7 %* ↑ |
| *+ BG* | *Fr. 60.–* | *37.5 %* | *27.3 %* |
| *VP* | *Fr. 220.–* | *137.5 %* | ***100 %*** |

**VERKAUFSKALKULATION MITTELS BRUTTOGEWINN**

| DOKUMENTE/ERKLÄRUNGEN | PREISSTUFE | ABKÜRZUNG |
|---|---|---|
| Preis, der sämtliche Kosten der Ware und der Beschaffung beinhaltet | Einstandspreis | EP |
| Differenz zwischen Verkaufspreis (Nettoerlös) und Einstandspreis (Warenertrag – Warenaufwand) | + Bruttogewinn | + BG |
| Preis ohne Mehrwertsteuer | Verkaufspreis | VP |

**KALKULATIONSSCHEMA (OHNE MEHRWERTSTEUER)**

| | |
|---|---|
| Bruttoankaufspreis<br>– Rabatt | Bruttoankaufspreis<br>– Rabatt |
| Rechnungsbetrag<br>– Skonto | Rechnungsbetrag<br>– Skonto |
| Nettoankaufspreis<br>+ Bezugskosten | Nettoankaufspreis<br>+ Bezugskosten |
| Einstandspreis<br>+ Gemeinkosten → | Einstandspreis |
| Selbstkosten<br>+ Reingewinn → | + Bruttogewinn |
| Verkaufspreis | Verkaufspreis |

*Beispiel: Kalkulationsschema*

| | | | | |
|---|---|---|---|---|
| | Bruttoankaufspreis | Fr. 150.– | 100 % | |
| – | Rabatt | Fr. 15.– | 10 % | |
| | Rechnungsbetrag | Fr. 135.– | 90 % | 100 % |
| – | Skonto | Fr. 2.70 | | 2 % |
| | Nettokaufpreis | Fr. 132.30 | | 98 % |
| + | Bezugskosten | Fr. 27.70 | | |
| | Einstandspreis | Fr. 160.– | 100 % | |

*Weg 1: Kalkulation mittels Gemeinkosten und Reingewinn*

| | | | | |
|---|---|---|---|---|
| | Einstandspreis | Fr. 160.– | 100 % | |
| + | Gemeinkosten | Fr. 40.– | 25 % | |
| | Selbstkosten | Fr. 200.– | 125 % | 100 % |
| + | Reingewinn | Fr. 20.– | | 10 % |
| | Verkaufspreis | Fr. 220.– | | 110 % |

*Weg 2: Kalkulation mittels Bruttogewinn*

| | | | |
|---|---|---|---|
| | Einstandspreis | Fr. 160.– | 100 % |
| + | Bruttogewinn | Fr. 60.– | 37.5 % |
| | Verkaufspreis | Fr. 220.– | 137.5 % |

## Erweiterte Verkaufskalkulation

Manche Detailhändler*innen gewähren ihren Kund*innen Rabatte und Skonti, die in den Verkaufspreis miteingerechnet werden müssen. Wird ein Rabatt und Skonto gewährt, erweitert sich die Verkaufskalkulation wie folgt:

| | | | | |
|---|---|---|---|---|
| | Nettobarverkaufspreis | Fr. 220.– | 98 % | |
| + | Skonto | Fr. 4.50 | 2 % | |
| | Nettokreditverkaufspreis | Fr. 224.50 | 100 % | 90 % |
| + | Rabatt | Fr. 24.95 | | 10 % |
| | Bruttoverkaufspreis | Fr. 249.45 | | 100 % |

## Mischkalkulation

Die Verkaufskalkulation mit einem festen Bruttogewinnzuschlag auf alle Artikel ist sehr einfach. Es kann sein, dass teurere Artikel im Verkauf einiges mehr an Kosten verursachen als im Preis tiefere Produkte. Dies ist jedoch nicht immer der Fall: Eine bestimmte Schraubensorte kann viel mehr Beratung benötigen als der Kauf einer Hobelbank und so einiges mehr an Gemeinkosten (in Form von Lohnkosten) verursachen.

Es kann auch sein, dass bei «normaler» Kalkulation der Verkaufspreis eines Produkts so hoch wird, dass ihn nur noch ein kleiner Kund*innenkreis zahlen würde – trotzdem will man ihn im Sortiment haben. Deshalb «arbeitet» man mit einer Misch- oder Durchschnittskalkulation:

*Beispiel: Mit einer «normalen» Kalkulation kommt man auf folgende Verkaufspreise:*

| | 1. Artikel | | 2. Artikel | |
|---|---|---|---|---|
| *Einstandspreis* | *100 %* | *Fr. 1.–* | *100 %* | *Fr. 1 000.–* |
| *Bruttogewinnzuschlag* | *100 %* | *Fr. 1.–* | *100 %* | *Fr. 1 000.–* |
| *Verkaufspreis* | *200 %* | *Fr. 2.–* | *200 %* | *Fr. 2 000.–* |

*Nach Regel 2 des Marktpreises (grosse Nachfrage) liesse sich der günstigere Artikel voraussichtlich auch mit einem Bruttogewinnzuschlag von 300 Prozent relativ einfach verkaufen, während der teurere Artikel mit einem Zuschlag von bloss 50 Prozent konkurrenzfähiger wäre und sich besser verkaufen würde (Regel 1 des Marktpreises). Durch eine Mischkalkulation, die den finanziellen Ausgleich zwischen den beiden Artikeln ermöglicht, erhalten wir folgende Verkaufspreise:*

| | 1. Artikel | | 2. Artikel | |
|---|---|---|---|---|
| *Einstandspreis* | *100 %* | *Fr. 1.–* | *100 %* | *Fr. 1 000.–* |
| *Bruttogewinnzuschlag* | *300 %* | *Fr. 3.–* | *50 %* | *Fr. 500.–* |
| *Verkaufspreis* | *400 %* | *Fr. 4.–* | *150 %* | *Fr. 1 500.–* |

### Nachfrageorientierter Verkaufspreis

Bei der nachfrageorientierten Preisbestimmung richtet sich der Verkaufspreis nach dem Kaufverhalten der Kundschaft. Die zentrale Frage dabei lautet: Wie viel sind die Kund*innen bereit, für ein gewisses Produkt zu bezahlen? Daraus kann geschlossen werden, wie hoch der Verkaufspreis maximal angesetzt werden kann.

Hinter diesen Überlegungen stehen die Regeln der Preisbildung:

| DREI REGELN DER PREISBILDUNG | | |
|---|---|---|
| **1. Regel:** | **kleine Nachfrage und grosses Angebot:** | **sinkender Marktpreis** |
| **2. Regel:** | **grosse Nachfrage und kleines Angebot:** | **steigender Marktpreis** |
| **3. Regel:** | **Nachfrage gleich Angebot:** | **stabiler Marktpreis** |

Daneben gibt es, wie wir im Folgenden sehen werden, weitere Möglichkeiten der nachfrageorientieren Preisbestimmung, um die Kund*innen zu einem Kauf zu bewegen.

**Preis und Nachfrage**

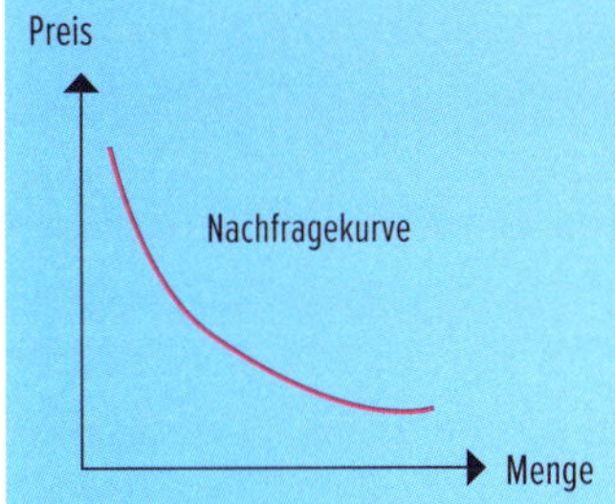


Je tiefer der Preis für ein Gut ist, desto eher sind die Konsumenten bereit, dieses Gut zu kaufen. Mit sinkendem Preis steigt also die nachgefragte Menge. Steigt der Preis aber, so sinkt die nachgefragte Menge.

Die Nachfragekurve stellt diese Beziehung zwischen Preis und nachgefragter Menge grafisch dar. Sie verläuft von links oben nach rechts unten.

**Marktgleichgewicht**

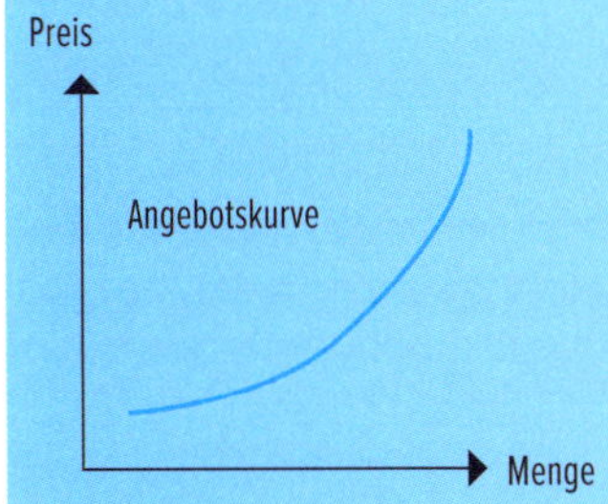


Die Anbieter*innen verhalten sich in Bezug auf die Preise wie folgt: Steigt der Preis für ein Gut, lohnt es sich für die Produzenten (bei gegebenen Kosten), mehr von diesem Gut anzubieten. Mit steigendem Preis steigt also die Angebotsmenge. Sinken jedoch die Preise, reduzieren die Anbieter*innen die angebotene Menge.

Die Angebotskurve stellt diese Beziehung zwischen Preis und angebotener Menge grafisch dar. Sie verläuft ansteigend von links unten nach rechts oben.

**Marktgleichgewicht**

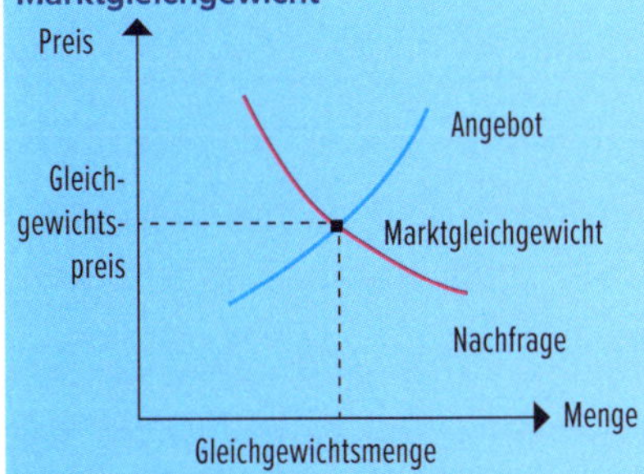


Dort, wo sich Angebot und Nachfrage treffen, befindet sich ein Markt im Gleichgewicht. In der Grafik befindet sich dieses Gleichgewicht im Schnittpunkt von Angebots- und Nachfragekurve. In diesem Punkt, sprich beim Gleichgewichtspreis (auch Marktpreis genannt), entspricht die angebotene der nachgefragten Menge. Das heisst, die Nachfrage der Konsument*innen kann gedeckt werden, und die Anbieter*innen bleiben nicht auf ihrer Ware sitzen.

**Veränderung des Marktgleichgewichts**

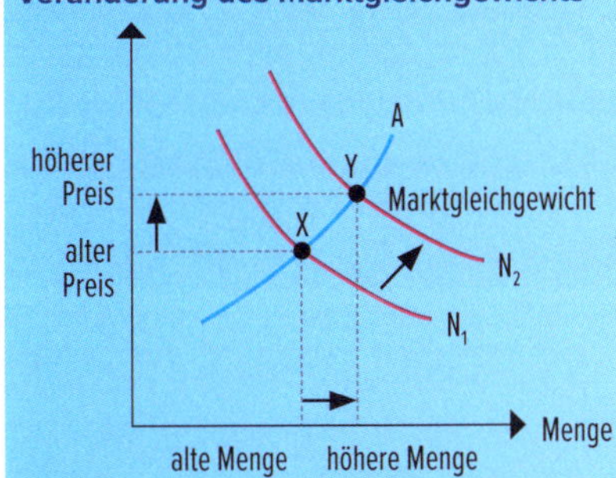


Verändern sich andere Einflussfaktoren als der Preis, verändert sich auch das Marktgleichgewicht.

Steht den Nachfrager*innen beispielsweise mehr Geld zur Verfügung, dehnt sich die Nachfrage aus. Dies führt zu einer Verschiebung der Nachfragekurve nach rechts (von N1 nach N2), der Preis und die angebotene Menge steigen. Das Marktgleichgewicht verschiebt sich von X nach Y.

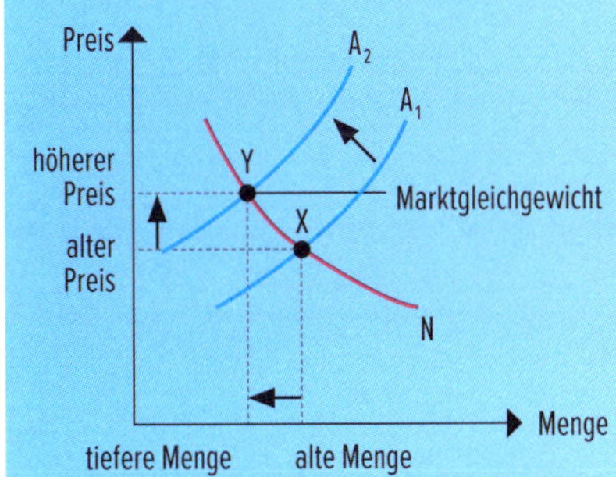


Ähnliches ist aufseiten der Anbieter*innen möglich: So führt beispielsweise eine Verteuerung von Rohstoffen zu einer Verschiebung der Angebotskurve nach links (von A1 nach A2) – und damit zu einem neuen Marktgleichgewicht (Y) bei höheren Preisen und tieferer Menge.

### Psychologische Preise

Psychologische Preise werden so angesetzt, dass die Kund*innen ein Herausgeld bekommen. Psychologische Preise liegen deshalb knapp unter geraden Frankenbeträgen, den Schwellenwerten. Die Kund*innen bezahlen einen Betrag meist mit einer Banknote und erhalten dann Herausgeld in Form von Münzen.

*Beispiele: Fr. 9.95 statt Fr. 10.– oder Fr. 95.– statt Fr. 100.–.*

Optische Täuschung

Ein Artikel zu Fr. 99.50 scheint «optisch» viel günstiger als zu Fr. 100.50 (Preisdifferenz: Fr. 1.–). Aber Vorsicht: Viele Konsument*innen empfinden psychologische Preise als Täuschungsversuche.

Kleinere Mengen

Weitere Möglichkeiten psychologischer Preise: Mit kleineren Mengeneinheiten kann man die Verkaufspreise günstiger erscheinen lassen.

*Beispiele: Sardische Tomaten zu Fr. 5.80 für 500 g (statt 1 kg zu Fr. 11.60). 100 g Salami zu Fr. 4.90 (statt 1 kg zu Fr. 49.–).*

Teilzahlungsbeträge

Teilzahlungsbeträge werden mit grossen Buchstaben gedruckt und so stark in den Vordergrund gerückt:

*Beispiel: Preis eines Plasma-TV: «nur Fr. 99.– pro Monat», zahlbar in 24 Raten. Der Gesamtverkaufspreis von Fr. 2 200.– ist nur klein notiert.*

### Sonderangebote

Als Sonderangebote bezeichnet man einzelne, im Preis reduzierte Artikel aus dem Sortiment. Sie werden während einer festgelegten Angebotszeit und/oder mengenmässig begrenzt verkauft (kurzfristige Tiefpreise).

*Beispiele von Sonderangeboten: «Hit der Woche», 3 für 2, Multipack, Festtagspreise, «nur solange Vorrat», «Halbpreisangebot», Aktion, Sonderangebot, Einführungspreise, Probierpreise, Jubiläumsangebot.*

Langfristige Planung

Die Artikel und die Zeit des Sonderangebots werden von Detaillist*innen in der Regel ein Jahr im Voraus geplant und häufig mit aktuellen Ereignissen (Saison, Ferienbeginn oder Festtage) oder spezieller Werbung verbunden. Die Warenbeschaffung dieser Sonderangebote erfolgt deshalb langfristig im Voraus.

Neuheiten

Neuheiten werden oft über kurze Zeit zu Probier- oder Einführungspreisen verkauft. Verderbliche Artikel, die schwierig zu verkaufen sind, werden kurzfristig im Preis reduziert und so als Aktion angeboten. Für Lagerräumungen sind Sonderverkäufe mit besonders tiefen Preisen vorgesehen.

### Preisermässigungen

Mit der Verkaufskalkulation wird der erwünschte Preis berechnet. Detaillist*innen müssen herausfinden, wie hoch ihre Preisermässigungen sein können, ohne dass sie einen Verlust erleiden.

Auf den angeschriebenen Verkaufspreis werden verschiedenste Preisermässigungen (Preisnachlässe) gewährt.

**DIE HÄUFIGSTEN PREISERMÄSSIGUNGEN**

- **Skonto**
  bei Zahlung innerhalb einer bestimmten Frist
- **Mengenrabatt**
  beim Kauf einer bestimmten Menge (Grossmengenbezug)
- **Naturalrabatt**
  als Zugabe von Waren, z. B. 3 für 2
- **Stammkund*innenrabatt**
  für besonders gute Kund*innen bei jedem Einkauf
- **Treuerabatt**
  als nachträgliche Umsatzprämie bei einer bestimmten Anzahl getätigter Einkäufe mit einem vereinbarten Gesamtbetrag
- **Personenrabatt**
  für bestimmte Kund*innengruppen
- **Mitnahmerabatt**
  für Kund*innen, die die Waren selbst transportieren und installieren
- **Aktions-/Sonderrabatt**
  als Ermässigung auf bestimmte Artikel während einer bestimmten Zeit (Sonderangebote)
- **Einführungsrabatt**
  zur Bekanntmachung von Neuheiten
- **Mängelrabatt**
  bei mangelhaften Artikeln

## Konkurrenzorientierter Verkaufspreis

Bei der konkurrenzorientierten Preisbildung richtet sich die Höhe des Verkaufspreises nach der Preisfestsetzung der Konkurrenz. Der Preis wird entweder in gleicher Höhe wie der Preis der Konkurrenz oder mit einer bestimmten Abweichung nach oben oder nach unten festgesetzt, um im Markt mithalten respektive bestehen zu können.

### Kampfpreis

Das Ziel vieler Detaillist*innen ist es, grössere Marktanteile zu gewinnen. Mit Kampfpreisen versuchen die Discounter, den Konkurrenzbetrieben einen Teil der Kundschaft abzuwerben oder die Konkurrent*innen auszuschalten. Kampfpreise liegen oft unter den Selbstkosten. In diesem Fall spricht man von Dumpingpreisen. Weil Dumpingpreise die Selbstkosten nicht decken, sind sie für den entsprechenden Detailhandelsbetrieb auch ein Wagnis.

### Lockvogelpreis

Bieten Detaillisten ausgewählte Artikel zu langfristigen Tiefpreisen an und bewerben diese speziell, spricht man von Lockvogel-Artikeln (Zeiger-Artikel). Solche Tiefpreisangebote sollen die Kunden ins Geschäft locken. Da der Detaillist bei Lockvogelpreisen in der Regel «draufzahlt», kalkuliert er die Verkaufspreise des restlichen Sortiments etwas höher. Dies bezeichnet man als Mischkalkulation. Als Lockvogelangebote eignen sich besonders aktuelle, einwandfreie Artikel, meist Markenartikel, deren marktübliche Preise bekannt sind.

### Richtpreis (Preisempfehlung des Herstellers)

Unverbindliche Preisempfehlungen des Herstellers für Markenartikel finden sich häufig in der Werbung, auf Prospekten oder auf der Verpackung. Diese Preisempfehlungen können Detaillist*innen unter- oder überschreiten.

Von Herstellern empfohlene Richtpreise sind oft so angesetzt, dass der Detailhandel diese unterschreiten kann, ohne unter dem kalkulierten Preis verkaufen zu müssen. Diese «Preisermässigung» gegenüber dem «offiziellen Preis» kann Konsument*innen zu Impulskäufen veranlassen.

**Vorgeschriebener Verkaufspreis (Preisbindung der Hersteller)**
Preisbindung bedeutet, dass die Verkaufspreise vom Hersteller verbindlich vorgeschrieben werden. Es sind somit Fixpreise, d. h. solche, die von Detaillist*innen weder unter- noch überschritten werden dürfen. Halten sich Detaillist*innen nicht an diese Festpreise, so kann sich der Lieferant weigern, ihn weiterhin zu beliefern (Lieferboykott).

Für gewisse Produkte der Lebensmittelbranche wurde die **Preisbindung** in der Schweiz 1967 aufgehoben. Dies ermöglichte unter anderem das Aufkommen von Discountgeschäften. Die Preisbindung gerät in den meisten Branchen immer mehr ins Wanken.

**Monopolpreis**
Das Recht auf alleinige Herstellung und alleinigen Verkauf eines Produkts heisst Monopol. Da keine Konkurrenz herrscht, kann der*die Monopolist*in seine Güter und Dienstleistungen zu einem beliebigen Preis, dem Monopolpreis, verkaufen.

*Beispiele: Briefpost, Festnetztelefonanschlüsse («letzte Meile»), SBB (Schienennetz).*

**Mondpreis**
Vor «Mondpreisen», d. h. vor masslos überhöhten Preisen, werden die Konsument*innen durch die «Verordnung über die Bekanntgabe von Preisen» geschützt.

**Staatlich beeinflusste Preise**
Der Staat kann in die Preisbildung eingreifen, indem er Mindest- oder Höchstpreise anordnet.

Mit **Mindestpreisen** werden die Interessen bestimmter Hersteller (z. B. solche der Landwirtschaft) geschützt. Mindestpreise dürfen nicht unterschritten werden (z. B. Milchpreis).

Mit **Höchstpreisen** werden die Konsument*innen geschützt, da diese Preise nicht überschritten werden dürfen. Aus sozialen Gründen werden Preise niedriger festgelegt, als sie sich auf dem freien Markt ergäben (z. B. Höchstsatz von 10 Prozent für Kreditzinsen).

## Kalkulierter Verkaufspreis

### 12.1 *Fallbeispiel: Preisberechnung*

**Barbara Schwander arbeitet in der Kleiderboutique «Froggy» als Detailhandelsfachfrau. Ihr wird nun die Kalkulation des Verkaufspreises eines Pullovers übertragen.**

a) Der Lieferant bietet den Pullover für Fr. 50.– das Stück an. Zusätzlich gewährt er 10 % Treuerabatt, da die Boutique «Froggy» häufig bei ihm einkauft. Wenn die Boutique «Froggy» innerhalb von 10 Tagen bezahlt, kann sie zudem 2 % Skonto vom Rechnungsbetrag abziehen. Schliesslich kostet das Versenden der Pullover (je 10er-Karton) Fr. 35.–. Helfen Sie Barbara Schwander bei der Einkaufskalkulation. Wie hoch ist der Einstandspreis je Stück? Verwenden Sie zum Lösen dieser Aufgabe das vorgegebene Kalkulationsschema.

| | | | | |
|---|---|---|---|---|
| | Bruttoankaufspreis | | | |
| – | Rabatt 10 % | | | |
| | Rechnungsbetrag | | | |
| – | Skonto 2 % | | | |
| | Nettoankaufspreis | | | |
| | Bezugskosten | | | |
| | Einstandspreis | | | |

..............................................................................................................

b) Aus der Buchhaltung weiss Barbara Schwander, dass sie auf jeden Artikel noch einen Bruttogewinnzuschlag von 125 % draufschlagen muss. Helfen Sie Barbara Schwander bei der Verkaufskalkulation. Mit welchem Preis soll sie einen Pullover anschreiben? Verwenden Sie zum Lösen dieser Aufgabe das vorgegebene Kalkulationsschema.

| | | | | |
|---|---|---|---|---|
| | Einstandspreis | | | |
| + | Bruttogewinnzuschlag 125 % | | | |
| | Verkaufspreis | | | |

..............................................................................................................

..............................................................................................................

c) Was versteht man unter dem Bruttogewinn? Warum wird dieser zum Einstandspreis dazugerechnet?

..............................................................................................................

..............................................................................................................

..............................................................................................................

**d)** Ermitteln Sie den Verkaufspreis eines Pullovers, wenn die Boutique «Froggy» mit einem Gemeinkostenzuschlag von 110 % und einem Reingewinnzuschlag von 8 % kalkuliert. Runden Sie die Zwischenresultate jeweils auf fünf Rappen genau.

| | | | | |
|---|---|---|---|---|
| | Einstandspreis | | | |
| + | Gemeinkosten | | | |
| | Selbstkosten | | | |
| + | Reingewinn | | | |
| | Verkaufspreis | | | |

..........................................................................................................................................................

..........................................................................................................................................................

## 12.2 Sind die folgenden Aussagen zur Verkaufskalkulation richtig oder falsch? Kreuzen Sie an.

| richtig | falsch | |
|---|---|---|
| ☐ | ☐ | Ziel des Gemeinkostenzuschlags ist das Decken der Selbstkosten. |
| ☐ | ☐ | Sie erhalten Ware franko Domizil geliefert. Falls der Lieferant keinen Skonto gewährt, entspricht der Rechnungsbetrag dem Einstandspreis. |
| ☐ | ☐ | Die Selbstkosten decken auch das Risiko der Detaillist*innen. |
| ☐ | ☐ | Wenn der Verkaufspreis eines Artikels genau die Selbstkosten deckt, dann ist der Bruttogewinn gleich gross wie die Gemeinkosten. |
| ☐ | ☐ | Wenn Sie vom Einstandspreis den Bruttogewinn subtrahieren, dann erhalten Sie den Rechnungsbetrag. |
| ☐ | ☐ | Der Bruttogewinnzuschlag ist immer grösser als die Bruttogewinnquote. |
| ☐ | ☐ | Der Einstandspreis deckt die gesamten Kosten, die durch das Anbieten eines Artikels entstanden sind. |

## 12.3 *Fallbeispiel: Preisanalyse im Supermarkt*

**Vom Supermarkt «Buy & Save» sind die folgenden Zahlen aus der Buchhaltung bekannt:**

| | Non-Food (in Fr.) | Brot & Käse (in Fr.) | Food (in Fr.) |
|---|---|---|---|
| Zahlungen an Lieferanten | 645 980.45 | 298 861.20 | 550 420.70 |
| Bezugskosten | 24 854.20 | 18 540.50 | 49 876.10 |
| Ladenmiete | 72 000.– | 24 000.– | 48 000.– |
| Personalkosten | 240 840.– | 130 924.– | 280 645.60 |
| Werbeaufwand | 40 000.– | 20 000.– | 50 000.– |
| übriger Betriebsaufwand | 52 540.65 | 32 893.– | 40 436.50 |
| Reingewinn | 7 066.30 | 14 650.85 | 12 988.– |

a) Berechnen Sie die Einstandspreise der eingekauften Artikel für jede der drei Abteilungen.

| | Non-Food (in Fr.) | Brot & Käse (in Fr.) | Food (in Fr.) |
|---|---|---|---|
| Zahlungen an Lieferanten | | | |
| Bezugskosten | | | |
| Einstandspreis | | | |

b) Unter welchen Umständen könnte man die Einstandspreise senken? Begründen Sie Ihre Antworten betriebswirtschaftlich.

c) Berechnen Sie die Gemeinkosten je Abteilung.

| | Non-Food (in Fr.) | Brot & Käse (in Fr.) | Food (in Fr.) |
|---|---|---|---|
| Ladenmiete | | | |
| Personalkosten | | | |
| Werbeaufwand | | | |
| übriger Betriebsaufwand | | | |
| Gemeinkosten | | | |

d) Mit welchen betrieblichen Massnahmen können die Gemeinkosten gesenkt werden?

e) Berechnen Sie die gesamten Selbstkosten des «Buy & Save» und diejenigen jeder Abteilung.

| | Non-Food (in Fr.) | Brot & Käse (in Fr.) | Food (in Fr.) |
|---|---|---|---|
| Einkaufspreis | | | |
| Gemeinkosten | | | |
| Selbstkosten | | | |

f) Berechnen Sie den Gesamtumsatz und den Umsatz je Abteilung.

| | Non-Food (in Fr.) | Brot & Käse (in Fr.) | Food (in Fr.) |
|---|---|---|---|
| Selbstkosten | | | |
| Reingewinn | | | |
| Gesamtumsatz (Nettoerlös) | | | |

g) Berechnen Sie den Bruttogewinnzuschlag je Abteilung in Prozenten des Einstandspreises der eingekauften Artikel. Runden Sie die Schlussresultate auf eine Stelle nach dem Komma.

| | Non-Food (in Fr.) | Brot & Käse (in Fr.) | Food (in Fr.) |
|---|---|---|---|
| Einstandspreis | | | |
| Bruttogewinn | | | |
| Bruttogewinnzuschlag | | | |

h) Mit welchen Massnahmen kann man den Bruttogewinnzuschlag (die Bruttomarge) verbessern?

i) Wie ist ein Haarföhn auszuzeichnen, der im Einstand Fr. 20.40 gekostet hat?

j) Sie kaufen für «Buy&Save» Gorgonzola vom Käsegrossisten, dabei zahlen Sie Fr. 60.– je 5-kg-Laib im Einstand. Wie zeichnen Sie einen portionierten Gorgonzola zu 276 g aus, wenn Sie den Bruttogewinnzuschlag der entsprechenden Abteilung anwenden?

**k)** Ein Konkurrenzbetrieb verkauft mariniertes Schweinefleisch von Schweizer Biobäuer*innen, das Kilo zu Fr. 32.–. Wie viel kann der Supermarkt «Buy&Save» mit der entsprechenden Kostenstruktur seiner Food-Abteilung einem*einer Biobäuer*in im Ankauf je Kilo Schweinefleisch anbieten?

## 12.4 Ein Handy kostet im Verkauf Fr. 559.– und Fr. 330.– im Einkauf.

**a)** Berechnen Sie den Bruttogewinn in Franken.

**b)** Berechnen Sie den Bruttogewinnzuschlag, d. h. den Bruttogewinn in Prozent des Einstandspreises. Verwenden Sie zum Lösen dieser Aufgabe das vorgegebene Kalkulationsschema.

| | | | | |
|---|---|---|---|---|
| | | | | |
| | | | | |
| | | | | |

## 12.5 Gemeinkosten entstehen durch den Betrieb eines Geschäfts, sie können nicht direkt einem bestimmten Artikel zugeordnet werden.

**a)** Im «Snoopy-World» betragen die Gemeinkosten 65 % des Einstandspreises. Berechnen Sie den Selbstkostenpreis eines Produkts, das Fr. 42.– im Einstand kostet? Verwenden Sie zum Lösen dieser Aufgabe das vorgegebene Kalkulationsschema.

| | | | | |
|---|---|---|---|---|
| | | | | |
| | | | | |
| | | | | |

**b)** In der Bijouterie Abderhalden berechnen sich die Selbstkosten einer Herrenarmbanduhr auf Fr. 890.–, bei einem Einstandspreis von Fr. 420.–. Berechnen Sie den Anteil an Gemeinkosten (in Prozenten des Einstandspreises), mit dem der Bijoutier kalkuliert? Verwenden Sie zum Lösen das vorgegebene Kalkulationsschema.

| | | | | |
|---|---|---|---|---|
| | | | | |
| | | | | |

## 12.6 *Fallbeispiel: Gartencenter*

**Ein Gartencenter bezieht einen Rasenmäher zu folgenden Konditionen:**

**a)** Listenpreis Fr. 890.–; Stammkund*innenrabatt 20 %; Skonto 3 %. Dazu kommen noch Versandkosten von Fr. 7.50.

Bei der Verkaufskalkulation verwendet das Gartencenter einen Gemeinkostenzuschlag von 40 % sowie einen Reingewinnzuschlag von 5 %. Berechnen Sie den Verkaufspreis des Rasenmähers. Verwenden Sie dabei das komplette Kalkulationsschema.

| | | | | |
|---|---|---|---|---|
| | | | | |
| | | | | |
| | | | | |
| | | | | |
| | | | | |
| | | | | |
| | | | | |
| | | | | |
| | | | | |
| | | | | |

**b)** Für 60 Blumentöpfe bezahlt das Gartencenter einem Produzenten Fr. 330.–. Berechnen Sie den Rechnungsbetrag der Sendung und den Einstandspreis je Blumentopf, wenn ein Skonto von 2 % gewährt wurde und die Lieferkosten Fr. 15.– betrugen.

## 12.7 *Fallbeispiel: Mischkalkulation im Spezialgeschäft*

**Marcel Berger ist Inhaber eines Detailhandelsgeschäfts, das vor allem Plakate und Postkarten sowie Bilderrahmen verkauft. Marcel Berger hat errechnet, dass er pro verkauften Artikel einen Bruttogewinnzuschlag von 75 % vornehmen muss, damit er alle anfallenden Kosten bezahlen kann und darüber hinaus noch einen kleinen Gewinn erwirtschaftet.**

**a)** Wie hoch fallen die Verkaufspreise der folgenden beiden Artikel aus seinem Sortiment aus?

- Kunstkarte, Einstandspreis Fr. 1.20
- Bilderrahmen aus Titan, Einstandspreis Fr. 140.–

**b)** Marcel Berger hat nun festgestellt, dass er fast keine Bilderrahmen verkaufen kann. Den Kundinnen und Kunden ist der Verkaufspreis zu hoch. Er beschliesst daher, zwischen den Kunstkarten und den Bilderrahmen eine Mischkalkulation vorzunehmen. Auf den Bilderrahmen soll nur noch ein Bruttogewinnzuschlag von 40 % vorgenommen werden, auf die Kunstkarten sollen dagegen 200 % aufgeschlagen werden. Berechnen Sie die neuen Verkaufspreise.

**c)** Was erhofft sich Marcel Berger von der Mischkalkulation? Wie dürften sich die Verkäufe der beiden Produkte entwickeln?

**12.8 Ein E-Bike wird für Fr. 3 949.40 angeboten. Kalkuliert wurde mit einem Gemeinkostenzuschlag von 75 % und einem Reingewinnzuschlag von 4 %. Die Bezugskosten belaufen sich auf Fr. 53.20 je E-Bike. Der Lieferant gewährt einen Rabatt von 25 % Rabatt und ein Skonto von 2 %. Lösen Sie die unten stehenden Aufgaben.**

a) Berechnen Sie den Bruttoankaufspreis eines E-Bikes.

| | | | | |
|---|---|---|---|---|
| | | | | |
| | | | | |
| | | | | |
| | | | | |
| | | | | |
| | | | | |
| | | | | |
| | | | | |
| | | | | |
| | | | | |
| | | | | |

b) Ermitteln Sie auf Basis der gewonnenen Erkenntnisse der Gesamtkalkulation folgende Kennzahlen.

| | | | Bruttogewinnzuschlag | Bruttogewinnquote (Marge): |
|---|---|---|---|---|
| | Einstandspreis | | | |
| + | Bruttogewinn | | | |
| | Verkaufspreis | | | |

c) Ermitteln Sie die Auswirkungen auf den Verkaufspreis, wenn zukünftig ein Kundenrabatt von 10 % und ein Kundenskonto von 2 % gewährt wird.

| | | | | |
|---|---|---|---|---|
| | Nettobarverkaufspreis | | | |
| + | Kundenskonto 2 % | | | |
| | Nettokreditverkaufspreis | | | |
| + | Kundenrabatt 10 % | | | |
| | Bruttoverkaufspreis | | | |

**12.9 Vervollständigen Sie die drei unten stehenden Regeln der Preisbildung, indem Sie jeweils die Auswirkungen auf den Marktpreis angeben.**

kleine Nachfrage und grosses Angebot: ..........

Nachfrage gleich Angebot: ..........

grosse Nachfrage und kleines Angebot: ..........

**12.10 Ordnen Sie in den unten stehenden Beispielen die folgenden Arten von Verkaufspreisen der jeweils entsprechenden Beschreibung zu.**

| | | |
|---|---|---|
| Mondpreis | Staatlich beeinflusste Preise | Sonderangebote |
| Richtpreis | Psychologischer Preis | Kampfpreis |
| Monopolpreis | Vorgeschriebener Verkaufspreis | Lockvogelpreis |

**Die Verkaufspreise werden so angesetzt, dass die Kund*innen ein Herausgeld bekommen. Sie liegen deshalb knapp unter geraden Frankenbeträgen, den Schwellenwerten.**

..........

**Einzelne, im Preis reduzierte Artikel aus dem Sortiment. Sie werden während einer festgelegten Angebotszeit und/oder mengenmässig begrenzt verkauft (kurzfristige Tiefpreise).**

..........

**Das Ziel vieler Detaillist*innen ist es, grössere Marktanteile zu gewinnen. Mit diesen Preisen versuchen sie, den Konkurrenzbetrieben einen Teil der Kundschaft abzuwerben oder die Konkurrenz auszuschalten. Diese Preise liegen oft unter den Selbstkosten.**

..........

**Detaillist*innen bieten ausgewählte Artikel zu langfristigen Tiefpreisen an. Häufig werden diese Artikel speziell in Werbungen hervorgehoben. Solche Angebote sollen die Kund*innen ins Geschäft bringen.**

..........

**Unverbindliche Preisempfehlungen des Herstellers für Markenartikel finden sich häufig in der Werbung, auf Prospekten oder auf der Verpackung. Diese Preisempfehlungen können Detaillist*innen unter- oder überschreiten.**

..........

**Dies sind Fixpreise, d.h. solche, die von Detaillist*innen weder unter- noch überschritten werden dürfen. Hält sich ein*e Detaillist*in nicht an diese Festpreise, so kann sich der Lieferant weigern, ihn weiterhin zu beliefern (Lieferboykott).**

**Durch die Preisbekanntgabeverordnung (PBV) sind Konsument*innen von solchen masslos überhöhten Preisen geschützt.**

**Da keine Konkurrenz herrscht, kann der Hersteller seine Güter und Dienstleistungen zu einem beliebigen Preis verkaufen.**

**Mit Mindestpreisen werden die Interessen bestimmter Produzenten geschützt. Mindestpreise dürfen nicht unterschritten werden. Mit Höchstpreisen werden die Konsument*innen geschützt, da diese Preise nicht überschritten werden dürfen. Aus sozialen Gründen werden Preise niedriger festgelegt, als sie sich auf dem freien Markt ergäben.**

12.11 **Preissetzung für eine Tasse Schwarztee in der Mensa eines Grossbetriebs:**

a) Zeichnen Sie anhand der in der Tabelle aufgeführten Angaben zur Nachfrage die einzelnen Punkte (nachgefragte Menge bei verschiedenen Preisen) in die unten stehende Grafik ein und verbinden Sie danach die einzelnen Punkte zur Nachfragekurve. Beschriften Sie diese mit «Nachfrage».

b) Zeichnen Sie anhand der in der Tabelle aufgeführten Angaben zum Angebot die einzelnen Punkte (angebotene Menge bei verschiedenen Preisen) in die unten stehende Grafik ein und verbinden Sie danach die einzelnen Punkte zur Angebotskurve. Beschriften Sie diese mit «Angebot».

| Nachfrage | | Angebot | |
|---|---|---|---|
| Preis in Fr. | Menge | Preis in Fr. | Menge |
| 3.60 | 0 Tassen | 3.60 | 400 Tassen |
| 3.20 | 50 Tassen | 3.20 | 350 Tassen |
| 2.80 | 100 Tassen | 2.80 | 300 Tassen |
| 2.40 | 150 Tassen | 2.40 | 250 Tassen |
| 2.00 | 200 Tassen | 2.00 | 200 Tassen |
| 1.60 | 250 Tassen | 1.60 | 150 Tassen |
| 1.20 | 300 Tassen | 1.20 | 100 Tassen |
| 0.80 | 350 Tassen | 0.80 | 50 Tassen |

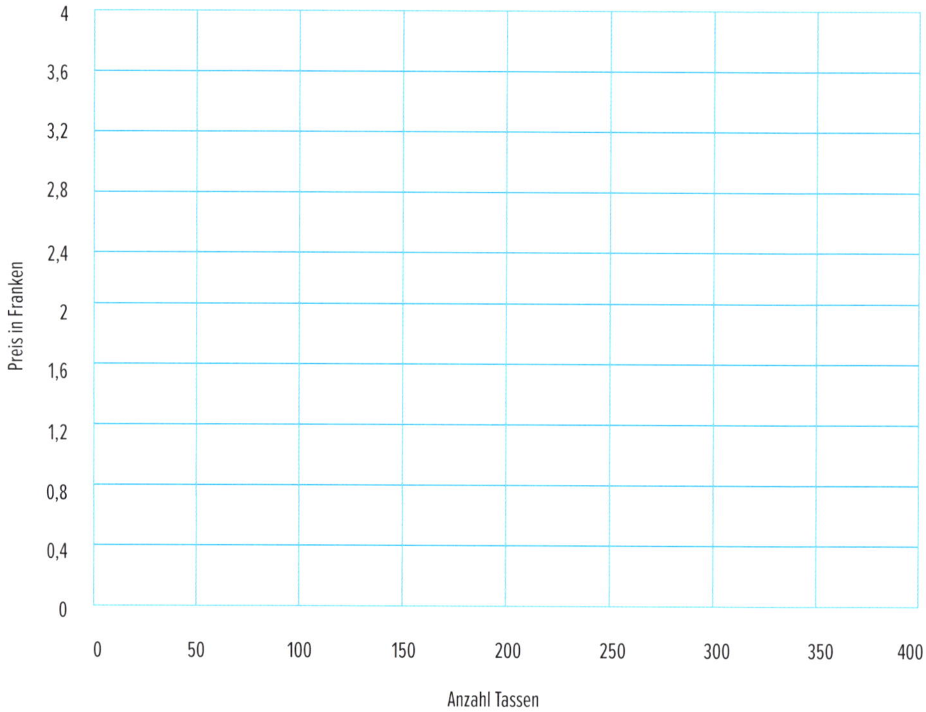


c) Zeichnen Sie in der Grafik auf der vorherigen Seite den Marktpreis und die Gleichgewichtsmenge ein. Erklären Sie mit Hilfe der Grafik, bei welchem Preis der Marktpreis liegt und warum der Tee zum Marktpreis verkauft wird.

**12.12 Warum können Sie für Bademode Ende September nicht mehr den gleichen Preis verlangen wie mitten im Sommer?**

**12.13 Es gibt Vorkommnisse auf dem Markt, die das Verhalten der Anbieter*innen (A) oder der Nachfrager*innen (N) beeinflussen und zu einem neuen Marktgleichgewicht führen. Die Verhaltensveränderung drückt sich im Diagramm durch eine Parallelverschiebung der einen oder der anderen Kurve aus.**
**Zeichnen Sie für jede der folgenden Situationen die verschobene Linie sowie den neuen Marktpreis ein und beschreiben Sie die Auswirkungen, so wie es in der Situation 1 vorgezeigt wird.**

*Situation 1: PC-Drucker*
Von einem bekannten Druckermodell wird in der Presse kritisiert, die Druckerpatronen hätten preislich stark aufgeschlagen.

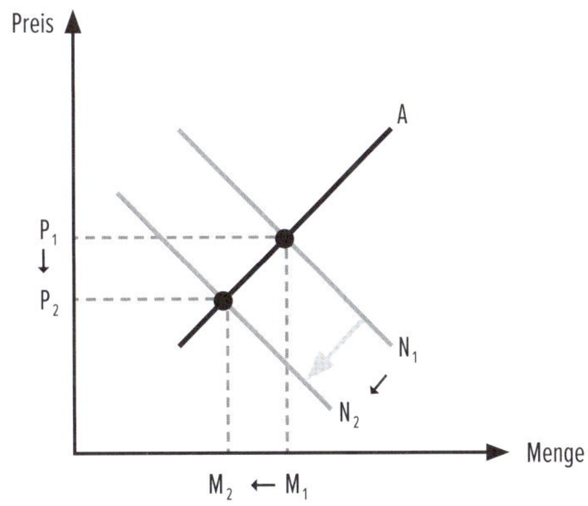


Auswirkung in Worten:
*Die Nachfragekurve verschiebt sich nach links (N2) und der neue Marktpreis (P2) liegt tiefer.*
*Das heisst, Nachfrage und Preis des Druckers sinken.*

*Situation 2: Kürbis*
Die Medien berichten über eine neue Studie, die besagt, dass der Verzehr von Kürbissen sehr gut für die Gesundheit sei.

Auswirkung in Worten:

.........................................................................

.........................................................................

.........................................................................

.........................................................................

.........................................................................

.........................................................................

.........................................................................

*Situation 3: Erdbeerernte*
Die Erdbeerernte liefert dieses Jahr besonders viele und grosse Früchte.

Auswirkung in Worten:

.................................................................

.................................................................

.................................................................

.................................................................

.................................................................

.................................................................

.................................................................

*Situation 4: Golduhr*
Innert weniger Monate steigt der Goldpreis um 150 %.

Auswirkung in Worten:

.................................................................

.................................................................

.................................................................

.................................................................

.................................................................

.................................................................

.................................................................

# 13 MEHRWERTSTEUER

Die Mehrwertsteuer (MWST) wird von der Schweizerischen Eidgenossenschaft auf den Verkäufen von Waren und Dienstleistungen erhoben. Es handelt sich bei der MWST um eine Verbrauchssteuer (Umsatzsteuer) und als solche um eine **indirekte Steuer** (im Gegensatz zur direkten Steuer auf Einkommen und Vermögen).

Jede Unternehmung innerhalb der Handelskette muss ihre eingenommene Steuer auf ihrem geschaffenen Mehrwert (= Bruttogewinn) dem Staat abliefern. Letzten Endes zahlt der Konsument die MWST, wie wir am unten stehenden Beispiel sogleich demonstrieren werden.

| AKTUELL (STAND 2022) GELTEN FOLGENDE STEUERSÄTZE | |
|---|---|
| Normalsatz: für die meisten Waren und Dienstleistungen | 7,7 % |
| Sondersatz: für die Beherbergung (z. B. Hotelübernachtungen) | 3,7 % |
| Reduzierter Satz: für Lebensmittel, Bücher, Medikamente | 2,5 % |

## Berechnung der abzuliefernden Mehrwertsteuer

Wie viel Mehrwertsteuer jedes einzelne Unternehmen der Handelskette an die Steuerverwaltung abzuliefern hat, lässt sich anhand von zwei Berechnungsmethoden ermitteln.

### 1. Methode

**Abzuliefernde MWST = Umsatzsteuer – Vorsteuer**

Die Umsatzsteuer ist die Steuer, die auf dem gesamten Warenertrag (Nettoerlös) erhoben wird. Die im Wareneinkauf enthaltene Mehrwertsteuer, die sogenannte Vorsteuer, kann in Abzug gebracht werden, da diese von der vorgelagerten Handelsstufe abgeliefert wird.

*Beispiel: Ein Detaillist kauft das Geschirr bei einem Grossisten für Fr. 161.55 inkl. MWST ein und verkauft es einer Konsumentin für Fr. 269.25 inkl. MWST.*

*Berechnung abzuliefernde Mehrwertsteuer*

| | | | | |
|---|---|---|---|---|
| | Wareneinkauf (Einstandspreis) inkl. MWST | 107,7 % | Fr. | 161.55 |
| – | Mehrwertsteuer (Vorsteuer) | 7,7 % | Fr. | 11.55 |
| = | Wareneinkauf exkl. MWST | 100 % | Fr. | 150.– |

| | | | | |
|---|---|---|---|---|
| | Verkaufspreis (Nettoerlös) exkl. MWST | 100 % | Fr. | 250.– |
| + | Mehrwertsteuer (Umsatzsteuer) | 7,7 % | Fr. | 19.25 |
| = | Wareneinkauf inkl. MWST | 107,7 % | Fr. | 269.25 |

*Abzuliefernde Mehrwertsteuer des Detaillisten:*

*Umsatzsteuer – Vorsteuer = Fr. 19.25 – Fr. 11.55 = Fr. 7.70*

**2. Methode**

Bei der zweiten Berechnungsmethode wird die abzuliefernde Mehrwertsteuer anhand des geschaffenen Mehrwerts (Bruttogewinn) ermittelt. Dabei wird der entsprechende Mehrwertsteuersatz vom Mehrwert (Bruttogewinn) berechnet.

*Beispiel:*

*Ein Detaillist kauft das Geschirr bei einem Grossisten für Fr. 150.– exkl. MWST und verkauft es einer Konsumentin für Fr. 250.– exkl. MWST.*

*Berechnung abzuliefernde Mehrwertsteuer*

| | | | | | |
|---|---|---|---|---|---|
| | Wareneinkauf (Einstandspreis) inkl. MWST | Fr. | 150.– | | (inkl. MWST Fr. 161.55) |
| + | Bruttogewinn | Fr. | 150.– | = | geschaffener Mehrwert, davon 7,7 % |
| = | Warenverkauf (Nettoerlös) exkl. MWST | Fr. | 250.– | | (inkl. MWST Fr. 269.25) |

*Abzuliefernde Mehrwertsteuer des Detaillisten:*

| | | |
|---|---|---|
| *7,7 % von Fr. 100.– = Fr. 7.70* | *100 %* | *Fr. 100.–* |
| | *7,7 %* | *Fr. 7.70* |

*Beispiel: Berechnung der Mehrwertsteuer*

| *Kalkulation* | | **Porzellanfabrik**<br>*Die Porzellanfabrik produziert Geschirr und verkauft dieses für Fr. 107.70 inkl. MWST an den Grossisten.* | **Grossist**<br>*Der Grossist kauft das Geschirr und verkauft es für Fr. 161.55 inkl. MWST dem Detaillisten weiter.* | **Detaillist**<br>*Der Detaillist kauft das Geschirr beim Grossisten und verkauft es der Konsumentin für Fr. 269.25 inkl. MWST.* | **Konsumentin**<br>*Die Konsumentin kauft das Geschirr für Fr. 269.25 inkl. MWST beim Detaillisten.* |
|---|---|---|---|---|---|
| *Einstandspreis* | *107,7 %* | *Fr. 26.95* | *Fr. 107.70* | *Fr. 161.55* | *Fr. 269.25* |
| – *Mehrwertsteuer (Vorsteuer)* | *7,7 %* | *Fr. 1.95* | *Fr. 7.70* | *Fr. 11.55* | |
| = *Einstandspreis exkl. MWST* | *100 %* | *Fr. 25.–* | *Fr. 100.–* | *Fr. 150.–* | |
| + *Bruttogewinn (Mehrwert)* | | *Fr. 75.–* | *Fr. 50.–* | *Fr. 100.–* | |
| *Nettoerlös exkl. MWST* | *100 %* | *Fr. 100.–* | *Fr. 150.–* | *Fr. 250.–* | |
| + *MWST (Umsatzsteuer)* | *7,7 %* | *Fr. 7.70* | *Fr. 11.55* | *Fr. 19.25* | |
| = ***Nettoerlös inkl. MWST*** | ***107,7 %*** | ***Fr. 107.70*** | ***Fr. 161.55*** | ***Fr. 269.25*** | |

*Berechnung des an die Steuerverwaltung abzuliefernden MWST-Betrags*

| | | | |
|---|---|---|---|
| *Umsatzsteuer* | *Fr. 7.70* | *Fr. 11.55* | *Fr. 19.25* |
| – *Vorsteuer* | *Fr. 1.95* | *Fr. 7.70* | *Fr. 11.55* |
| ***Abzuliefernde MWST*** | ***Fr. 5.75*** | ***Fr. 3.85*** | ***Fr. 7.70*** |
| *oder:* | | | |
| *7,7 % vom geschaffenen Mehrwert* | *Fr. 75.–* | *Fr. 50.–* | *Fr. 100.–* |
| ***Abzuliefernde MWST*** | ***Fr. 5.80*** | ***Fr. 3.85*** | ***Fr. 7.70*** |

### 13.1

a) Sie haben einen Verkaufsumsatz von Fr. 437 657.20 erzielt. Wie gross ist die darin enthaltene Mehrwertsteuer (bei einem Steuersatz von 7,7 %)?

b) Wie viele Mehrwertsteuerfranken müssen Sie abliefern, wenn die Vorsteuer in diesem Beispiel Fr. 18 344.30 betrug?

### 13.2 *Fallbeispiel: Mehrwertsteuer in der Handelskette*

**Ein Händler, der Stoffe mehrwertsteuerfrei importiert, verkauft an die Kleiderfabrik «Stofftex» Stoffe im Wert von Fr. 5 000.–, zuzüglich 7,7 % MWST. «Stofftex» verarbeitet die gekaufte Ware dann weiter zu Hosen, die sie für Fr. 25 000.– (plus 7,7 % MWST) an die Kleiderboutique «Froggy» verkauft. Die Kund*innen der Boutique kaufen die Hosen schliesslich zu einem Gesamtpreis von Fr. 43 200.– (inkl. MWST).**

a) Stellen Sie die Rechnung des Stoffhändlers an die Kleiderfabrik «Stofftex» dar. Welchen Betrag überweist der Stoffhändler an die Eidgenössische Steuerverwaltung?

**b)** Wie sieht die Rechnung der «Stofftex» an die Kleiderboutique «Froggy» aus? Wie viel muss die Kleiderfabrik der Eidgenössischen Steuerverwaltung überweisen?

**c)** Erstellen Sie die Gesamtrechnung der Kleiderboutique «Froggy» aus den Käufen ihrer Kund*innen. Welchen Betrag liefert «Froggy» der Eidgenössischen Steuerverwaltung ab?

**d)** Wie viel wurde der Eidgenössischen Steuerverwaltung nun insgesamt überwiesen?

**e)** Wer hat die Mehrwertsteuer insgesamt bezahlt?

**f)** Warum heisst diese Steuer «Mehrwertsteuer»? Erklären Sie dies anhand des eben berechneten Beispiels.

# 14 KASSENBUCH

Führt ein Detailhandelsbetrieb seine Geschäftstätigkeit aus, so resultieren Einnahmen und Ausgaben. Diese Einnahmen und Ausgaben verändern den Kassenbestand. Sind die Einnahmen grösser als die Ausgaben (= Gewinn), ist der Kassenbestand (Vermögen) am Ende der Periode höher als am Anfang. Ein Gewinn hat also eine verbesserte Vermögenssituation zur Folge.

Mit einem Kassenbuch werden die Einnahmen und Ausgaben eines Betriebs erfasst.

*Beispiel:*

*Theo Rutschi eröffnet zu Jahresbeginn ein Taxiunternehmen mit einem geleasten Fahrzeug. Er hält seine Bargeldeinnahmen und -ausgaben für den Monat Januar im Kassenbuch fest:*

**EINNAHMEN UND AUSGABEN ALS ÜBERSICHTLICHE BUCHHALTUNG**

| Datum | Text | Einnahmen | Ausgaben |
|---|---|---|---|
| 8. Jan. | Bareinnahmen aus Taxifahrten | 1044.– | 170.– |
| 9. Jan. | Benzinbezüge | | 250.– |
| 14. Jan. | Telefongebühren | | 645.– |
| 15. Jan. | Standplatzgebühren, Betriebsbewilligung | | |
| 18. Jan. | Bareinnahmen aus Taxifahrten | 1460.– | 975.– |
| 20. Jan. | Leasinggebühren, Versicherung | | 180.– |
| 28. Jan. | Benzinbezüge | | |
| 30. Jan. | Bareinnahmen aus Taxifahrten | 2316.– | |
| **31. Jan.** | **Saldo (Kassenbestand)** | | **2600.–*** |
| | | **4820.–** | **4820.–** |

Das Kassenbuch ist in der Praxis noch weit verbreitet, zumal Einzelunternehmen nach OR erst ab Fr. 500000.– Jahresumsatz eine doppelte Buchhaltung führen müssen. In der Buchhaltung (heute mit EDV-Systemen) entspricht das Kassenbuch dem Konto «Kasse».

Buchhalterische Berechnung des Saldos des Kassenbuchs:

1. Addieren der Einnahmen-Seite des Kassenbuchs.
2. Addieren der Ausgaben-Seite des Kassenbuchs.
3. Die Differenz zwischen der Einnahmen- und der Ausgaben-Seite ist auszugleichen und zwar in der Weise, dass der fehlende Betrag auf der schwächeren Seite eingetragen wird.

* Der Saldo kommt immer in die schwächere Spalte.

*Zurück zum Beispiel:*

*Theo Rutschis Einnahmen waren grösser als seine Ausgaben, also hat der Taxiunternehmer einen Gewinn erwirtschaftet. Er hat also am Ende der Periode mehr Bargeld (Fr. 2600.–) als zu Beginn der Periode (Fr. 0.–). Der erzielte Gewinn widerspiegelt sich im höheren Kassenbestand am Ende der Periode. Die Erwirtschaftung eines Gewinnes hat die Vermögenssituation verbessert.*

*Erfolgsberechnung Januar durch Einnahmen-Ausgaben-Vergleich:*

| | | |
|---|---|---|
| *Einnahmen (aufgrund erbrachter Leistungen)* | *Fr.* | *4820.–* |
| *Ausgaben (aufgrund beanspruchter Leistungen)* | *Fr.* | *– 2220.–* |
| *Erfolg (Gewinn)* | ***Fr.*** | ***2600.–*** |

*Erfolgsermittlung Januar durch Bestandesvergleich (Vermögensübersicht):*

| | | |
|---|---|---|
| *Schlussbestand Kassenbuch* | *Fr.* | *2600.–* |
| – *Anfangsbestand Kassenbuch* | *Fr.* | *– 0.–* |
| *Zunahme (Gewinn = Vermögenszuwachs)* | ***Fr.*** | ***2600.–*** |

*Wenn der Taxiunternehmer den Gewinn im Geschäft lässt, weist das Kassenbuch für den Monat Februar einen Anfangsbestand von Fr. 2600.– auf. Er entspricht dem Saldo des Kassenbuchs der letzten Rechnungsperiode. Dieser Anfangsbestand (= Saldovortrag) muss im Kassenbuch eingetragen werden, damit der Erfolg des Monats Februar auf die gleiche Weise wie im Vormonat berechnet werden kann. Es empfiehlt sich, den Anfangsbestand als solchen zu bezeichnen (= AB).*

**EINNAHMEN UND AUSGABEN ALS ÜBERSICHTLICHE BUCHHALTUNG**

| Datum | Text | Einnahmen | Ausgaben |
|---|---|---|---|
| 1.02. | Anfangsbestand | AB 2600.– | |
| 25.02. | Benzinbezüge (zusammengefasst) | | 360.– |
| 27.02. | Bareinnahmen aus Taxifahrten | 4900.– | |
| 28.02. | Telefongebühren, Leasinggebühren, usw. | | 1040.– |
| **28.02.** | **Saldo (Kassenbestand)** | | **6100.–** |
| | | **7500.–** | **7500.–** |

*Erfolgsberechnung Februar durch Einnahmen-Ausgaben-Vergleich:*

| | | |
|---|---|---|
| *Einnahmen (aufgrund erbrachter Leistungen)* | *Fr.* | *4900.–* |
| *Ausgaben (aufgrund beanspruchter Leistungen)* | *Fr.* | *– 1400.–* |
| *Erfolg (Gewinn)* | ***Fr.*** | ***3500.–*** |

*Erfolgsermittlung Februar durch Bestandesvergleich (Vermögensübersicht):*

| | | |
|---|---|---|
| *Schlussbestand Kassenbuch* | *Fr.* | *6100.–* |
| – *Anfangsbestand Kassenbuch* | *Fr.* | *– 2600.–* |
| *Zunahme (Gewinn = Vermögenszuwachs)* | ***Fr.*** | ***3500.–*** |

*Genau gleich wie das Kassenbuch (das Konto Kasse) werden in der Buchhaltung auch das Konto «Bank» sowie das Konto «Post» geführt.*

**14.1 Führen Sie folgendes Kassenkonto (Beträge in Franken) sowie einen Einnahme-Ausgabe-Vergleich und einen Bestandesvergleich durch:**

| | | |
|---|---|---|
| 01.02. | Anfangsbestand | 3 556.10 |
| 07.02. | Bareinnahmen | 12 573.25 |
| 08.02. | Spesenabrechnung A. Gut | 231.60 |
| 11.02. | Bareinnahmen | 19 321.65 |
| 15.02. | Auf unser Bankkonto einbezahlt | 22 200.00 |
| 22.02. | Kauf von Büromaterial | 248.55 |
| 25.02. | Lohn der Reinigungskraft, bar | 534.50 |
| 28.02. | Barbezug vom Postkonto | 1 000.00 |
| 29.02. | Abschluss | |

| Datum | Text | Einnahmen (Soll) | Ausgaben (Haben) |
|---|---|---|---|
| 01.02 | Anfangsbestand | | |
| 07.02 | Bareinnahmen | | |
| 08.02 | Spesenabrechnung A. Gut | | |
| 11.02 | Bareinnahmen | | |
| 15.02 | Auf unser Bankkonto einbezahlt | | |
| 22.02 | Kauf von Büromaterial | | |
| 25.02 | Lohn der Reinigungskraft, bar | | |
| 28.02 | Barbezug vom Postkonto | | |
| | Saldo | | |
| | Abschluss vom 29. April | | |

| Einnahme-Ausgabe-Vergleich | Bestandesvergleich |
|---|---|
| Einnahmen: | Schlussbestand: |
| – Ausgaben: | – Anfangsbestand: |
| Zunahme der Kasse: | Zunahme der Kasse: |

**14.2 Führen Sie folgendes Kassakonto (Beträge in Franken) sowie einen Einnahme-Ausgabe-Vergleich und einen Bestandesvergleich durch:**

| | | |
|---|---|---|
| 01.05. | Anfangsbestand | 7 355.10 |
| 08.05. | Barzahlungen von Kunden | 14 223.25 |
| 09.05. | Einzahlungen an unsere Lieferanten, bar | 3 623.20 |
| 14.05. | Zahlung der Stromrechnung, bar | 1 921.60 |
| 15.05. | Bareinzahlung auf unser Bankkonto | 8 800.00 |
| 27.05. | Miete bezahlt, bar | 3 000.00 |
| 28.05. | Barbezug aus der Kasse | 2 000.00 |
| 31.05. | Abschluss | |

| Datum | Text | Einnahmen (Soll) | Ausgaben (Haben) |
|---|---|---|---|
| 01.05 | Anfangsbestand | | |
| 08.05 | Barzahlung von Kunden | | |
| 09.05 | Einzahlung an unsere Lieferanten, bar | | |
| 14.05 | Zahlung der Stromrechnung, bar | | |
| 15.05 | Bareinzahlung auf unser Bankkonto | | |
| 21.05 | Kauf von Büromaterial | | |
| 27.05 | Miete bezahlt, bar | | |
| 28.05 | Barbezug aus der Kasse | | |
| | Saldo | | |
| | Abschluss vom 31. Mai | | |

| Einnahme-Ausgabe-Vergleich | Bestandesvergleich |
|---|---|
| | |

## 14.3

a) Ergänzen Sie das Kassenbuch für den 2. April und berechnen Sie den Schlussbestand und den verbleibenden Saldo. Führen Sie zudem einen Einnahme-Ausgabe-Vergleich sowie einen Bestandesvergleich durch:

1. Anfangsbestand Fr. 1 000.–.
2. Wir bestellen Schreibmaterial im Betrag von Fr. 140.–.
3. Wir tauschen eine Ware im Wert von Fr. 50.–, wir geben Ersatz.
4. Wir kaufen bei einem Vertreter Waren in bar für Fr. 1 400.–.
5. Wir zählen die Tageseinnahmen. Umsatz: Fr. 8 715.–.
6. Wir zahlen vom Kassenbestand Fr. 7 000.– auf das Bankkonto ein.

| Nummer | Text | Einnahmen (Soll) | Ausgaben (Haben) |
|---|---|---|---|
| | | | |
| | | | |
| | | | |
| | | | |
| | | | |
| | | | |
| | | | |
| | | | |

| Einnahme-Ausgabe-Vergleich | Bestandesvergleich |
|---|---|
| | |

b) Am gleichen Tag des Vorjahres betrug der Tagesumsatz noch Fr. 8 105.–. Um wie viel Prozent ist der Umsatz gestiegen (Rechnungsweg angeben)?

c) Eröffnen Sie das Kassenbuch für den nächsten Tag:

| Nummer | Text | Einnahmen (Soll) | Ausgaben (Haben) |
|---|---|---|---|
| | | | |
| | | | |

**14.4 Ein Postkonto führt man genau gleich wie ein Kassenbuch. Führen Sie das Postkonto 80-369401-6 der Firma U. Haldi und schliessen Sie es ab.**

Oktober

| | | | |
|---|---|---|---|
| 1. | Anfangsbestand | Fr. | 13 457.00 |
| 4. | Barbezug am Postomat | Fr. | 1 500.00 |
| 6. | Postgiro an L. Gurtner, Wünnewil, für Rechnung von 250.– unter Abzug von 2 % Skonto | Fr. | ? |
| 9. | Gutschriftanzeige der Post für Einzahlung von R. Fischer, Zumikon, für unsere Rechnung Fr. 215.– minus 2 % | Fr. | ? |
| 11. | Zahlungsanweisung an I. Kurt, Bern | Fr. | 136.40 |
| 14. | Posteinzahlung unserer Bareinnahmen | Fr. | 12 600.00 |
| 16. | Begleichung Lieferantenrechnung per Postgiro an U. Gruber, Birsfelden | Fr. | 9 764.00 |
| 24. | Wir erhalten eine Gutschrift für eine Einzahlung von Frau D. Isler, Altdorf | Fr. | 93.40 |
| 31. | Post belastet uns Spesen | Fr. | 15.00 |

| Datum | Text | Einnahmen (Soll) | Ausgaben (Haben) |
|---|---|---|---|
| 01.10. | Anfangsbestand | | |
| 04.10. | Barbezug ab Postomat | | |
| 06.10. | L. Gurtner, Wünnewil, u/Giro | | |
| 09.10. | R. Fischer, Zumikon, s/Einzahlung | | |
| 11.10. | I. Kurt, u/Zahlungsanweisung | | |
| 14.10. | Posteinzahlung Bareinnahmen | | |
| 16.10. | U. Gruber, Birsfelden, u/Giro | | |
| 24.10. | D. Isler, Altdorf, i/Einzahlung | | |
| 31.10. | Spesen | | |
| | Saldo | | |
| | Abschluss vom 31. Oktober | | |

# 15 BILANZ UND ERFOLGSRECHNUNG

## Bilanz

Wer sich über die finanzielle Lage eines Unternehmens informieren will, fragt in der Buchhaltungsabteilung am ehesten nach der Bilanz.

Unter einer Bilanz versteht man eine Gegenüberstellung von Vermögen (Aktiven) und Schulden (Passiven) einer Unternehmung an einem Stichtag. Links werden die Vermögensposten und rechts die Schuldensposten aufgelistet. Das Wort Bilanz hat seinen Ursprung im italienischen **«bilancia»** und heisst so viel wie Gleichgewicht bzw. Waage. Eine Bilanz muss immer im **Gleichgewicht** sein, d. h., beide Seiten müssen wertmässig gleich gross sein.

| BILANZ | |
|---|---|
| **Wofür wurde das Kapital verwendet?** | **Woher stammt das Kapital?** |
| **Aktiven** | **Passiven** |
| *Investierung: Kapitalverwendung* | *Finanzierung: Kapitalbeschaffung* |
| Die linke Seite der Bilanz ist die Aktivseite, die Vermögensseite. Sie zeigt, wie das Kapital im Unternehmen angelegt (investiert) ist, wofür das Kapital im Unternehmen eingesetzt wird. Im oberen Teil befinden sich das Geldkapital, das Bargeld in der Kasse und das Buchgeld auf der Post oder der Bank. Im mittleren und unteren Teil steht das Sachkapital, also das ins Warenlager, ins Mobiliar, ins Geschäftsauto, ins Geschäftshaus usw. gesteckte Kapital. | Die rechte Seite der Bilanz ist die Passivseite, die Schuldenseite. Sie zeigt, woher das Unternehmenskapital stammt, wer die Kapitalgeber sind, wem die Unternehmung ihr Kapital schuldet. Im oberen Teil werden die aussenstehenden Geldgeber aufgeführt und zwar unter der Bezeichnung «Fremdkapital». Im unteren Teil ist das Eigenkapital aufgelistet, also die Geldsumme, welche die Eigentümer dem Unternehmen zur Verfügung gestellt haben. |
| In der Bilanz erscheinen alle Werte spiegelbildlich; daher ist die Bilanz immer ausgeglichen (im Gleichgewicht). Wenn beispielsweise der*die Eigentümer*in und Geschäftsführer*in aus seinem eigenen Portemonnaie Fr. 100.– in die Unternehmenskasse legt, dann erhöht die Buchhaltung den Betrag in der Kasse um Fr. 100.–, gleichzeitig aber auch das Eigenkapital um Fr. 100.–, denn nun schuldet die Unternehmung dem*der Eigentümer*in Fr. 100.– mehr als vorher. | |

### Beispiel einer gut gegliederten Bilanz: Boutique B

Im Allgemeinen wird zur Gliederung einer Bilanz der «Kontenrahmen für Gewerbe-, Industrie- und Handelsbetriebe» (KMU-Kontenplan) verwendet. Demnach gliedert sich eine Bilanz wie folgt:

**SCHLUSSBILANZ NACH GEWINNVERTEILUNG DER BOUTIQUE B**

| Aktiven | | Bilanz vom 31. 12. 20xx | | | Passiven |
|---|---|---|---|---|---|
| **Umlaufvermögen** | | | **Fremdkapital** | | |
| Flüssige Mittel | | | Kurzfristiges Fremdkapital | | |
| – Kasse | 3212 | | – Verbindlichkeiten aus Lieferungen und Leistungen | 29515 | |
| – Post | 6340 | | – Bankschuld | 16233 | |
| – Bank | 12346 | | Langfristiges Fremdkapital | | |
| Forderungen aus Lieferungen und Leistungen | 16000 | | – Darlehen | 10000 | |
| Warenvorräte | 115000 | 152898 | – Hypotheken | 500000 | 555748 |
| **Anlagevermögen** | | | **Eigenkapital** | | |
| Fahrzeuge | 20000 | | | | |
| Einrichtungen | 45000 | | | | |
| Maschinen | 12000 | | | | |
| Liegenschaften | 700000 | 777000 | Eigenkapital (inkl. Reingewinn) | | 374150 |
| **Bilanzsumme** | | 929898 | **Bilanzsumme** | | 929898 |

**Erklärung zu den Begriffen:**

- **Forderungen aus Lieferungen und Leistungen (Debitoren)** sind Rechnungen an Kund*innen der Detailhändler*innen, die noch nicht bezahlt wurden, also Guthaben der Unternehmung gegenüber Kund*innen.
- **Warenvorräte** ist wertmässig das Resultat der Inventur.
- **Einrichtungen** sind alle Gegenstände, die für den Betrieb notwendig sind, z. B. die Einrichtung des Ladenlokals.
- **Maschinen** sind im Detailhandel z. B. Kassen oder EDV-Anlagen.
- **Liegenschaften** sind Grundstücke oder Gebäude, die der Unternehmung gehören, so z. B. das Haus, in dem sich das Lager befindet.
- **Verbindlichkeiten aus Lieferungen und Leistungen (Kreditoren)** sind Rechnungen der Lieferanten, welche die Unternehmung noch nicht bezahlt hat, also Schulden der Unternehmung gegenüber den Lieferanten.
- **Bankschulden** sind Schulden, welche die Unternehmung gegenüber der Bank hat, z. B. ein Kontokorrentkredit.
- **Darlehen** sind Schulden gegenüber allen, die nicht eine Bank sind, z. B. gegenüber einem Onkel oder einer befreundeten Unternehmung, die ein kurz- oder langfristiges Darlehen gewährt haben.
- **Hypotheken** sind eine besondere Art eines Darlehens. Es sind Schulden gegenüber einer Bank. Eine Liegenschaft ist die Sicherheit zur Rückzahlung des Geldes.

### Aktiven

Die Aktiven umfassen das Vermögen eines Unternehmens. Sie zeigen, wie das Kapital im Unternehmen angelegt (investiert) ist.

Die Posten auf der Aktivseite sind nach ihrer Nähe zum Geld (Grad der Liquidität) gegliedert. **Liquidität** (lateinisch für «Flüssigkeit») bedeutet die Zeit, die wir brauchen, um einen Aktivposten so zu verwerten, dass die Unternehmung damit z. B. die Rechnungen der Lieferanten, die Löhne oder Steuern bezahlen kann. Posten, die am nächsten zum Geld sind (grösste Liquidität) stehen daher an oberster Stelle. Nichts kann näher zum Geld sein als die Kasse, da ihr Inhalt ja aus Bargeld besteht. Bank- und Postkonti sind gleich schnell verfügbar und folgen der Kasse. Die Zahlungsmittel (Münzen und Banknoten) und sämtliches Buchgeld (Guthaben bei Post und Bank) bilden die flüssigen Mittel.

Die Aktiven werden in das **Umlaufvermögen** und das **Anlagevermögen** unterteilt.

***Umlaufvermögen***
Unter dem Umlaufvermögen versteht man diejenigen Vermögensteile, die während des Geschäftsjahres zum grössten Teil verbraucht und in Geld umgewandelt werden können. Sie werden also rasch umgesetzt.

*Im Beispiel sind dies:*

| | | | |
|---|---|---|---|
| *Kasse* | *3 212* | | |
| *Post* | *6 340* | | |
| *Bank* | *12 346* | | |
| *flüssige Mittel* | | *21 898* | |
| *Forderungen aus LL* | | *16 000* | |
| *Warenvorräte* | | *115 000* | |
| *Umlaufvermögen* | | | *152 898* |

Die Höhe des optimalen Umlaufvermögens (der Umlaufkapitalbedarf) ist von Betrieb zu Betrieb verschieden. Dabei spielt der Kapitalbedarf, beispielsweise für die Warenbeschaffung oder die Bezahlung der Löhne, eine wichtige Rolle. Entscheidend dabei ist, dass immer genügend flüssige Mittel zur Verfügung stehen, um alle Verbindlichkeiten (Rechnungen) bezahlen zu können. Ist dies nicht mehr der Fall, hat eine Unternehmung also nicht mehr genügend Liquidität, droht sie in Konkurs zu gehen. Die Sicherstellung einer genügend hohen Liquidität ist deshalb eine wichtige Aufgabe einer Geschäftsführerin oder eines Geschäftsführers.

***Anlagevermögen***
Zum Anlagevermögen gehören alle Vermögensteile, die während längerer Zeit unverändert gebraucht werden. Dazu zählen auch immaterielle Werte wie Patente, Lizenzen und Rechte. Sie stehen dem Betrieb dauernd zur Verfügung und werden dabei genutzt.

*Im Beispiel sind dies:*

| | | |
|---|---|---|
| *Fahrzeuge* | *20 000* | |
| *Einrichtungen* | *45 000* | |
| *Maschinen* | *12 000* | |
| *Liegenschaften* | *700 000* | |
| *Anlagevermögen* | | *777 000* |

Anlagevermögen soll durch langfristiges Kapital finanziert werden (Eigenkapital oder langfristiges Fremdkapital), damit kann einem möglichen Liquiditätsengpass vorgebeugt werden. Der Kapitalbedarf für das Anlagevermögen berechnet sich aus den Anschaffungskosten und sämtlichen Nebenkosten für den Kauf der gesamten Betriebseinrichtung inklusive allfälliger Liegenschaften.

**Passiven**
Alle Aktiven (Vermögensteile der Unternehmung) werden aus Geldern beschafft, die von verschiedenen Gläubigern (Geldgebern) stammen. Die Ansprüche dieser Geldgeber an die betreffende Unternehmung heissen Passiven.

Die Passiven werden nach der Art der Gläubiger in **Fremdkapital** und **Eigenkapital** unterteilt.

### *Fremdkapital*

Fremdkapital sind Ansprüche von Gläubigern, die ausserhalb der Unternehmung stehen (z. B. von Lieferanten, die eine lange Zahlungsfrist für die Bezahlung der gelieferten Ware gewähren oder von Banken, die der Unternehmung einen Kredit gewähren). Fremdkapital ist nach einer bestimmten Nutzungsdauer zurückzuzahlen. Die Konten auf der Passivseite sind je nach Fälligkeit der Schuld geordnet, d. h., wie schnell diese zurückbezahlt werden muss. Je weiter oben, desto dringender ist die Rückzahlung.

*Zum Fremdkapital gehört im Beispiel:*

| | | | |
|---|---|---|---|
| *Verbindlichkeiten aus LL* | *29 515* | | |
| *Bankschuld* | *16 233* | | |
| *kurzfristiges FK* | | *45 748* | |
| *Darlehen* | *10 000* | | |
| *Hypotheken* | *500 000* | | |
| *langfristiges FK* | | *510 000* | |
| *Fremdkapital* | | | *555 748* |

### *Eigenkapital*

Beim Eigenkapital handelt es sich um den Restanspruch des oder der Eigentümer an die Unternehmung. Es ist derjenige Betrag, der nach Abzug des Fremdkapitals von den Aktiven übrig bleibt. Eigenkapital wird entweder von den Unternehmern selbst zur Verfügung gestellt (z. B. das Aktienkapital einer AG) oder wird durch die Unternehmung selbst erarbeitet (der Gewinn). Es steht in der Regel zeitlich unbegrenzt zur Verfügung.

*Eigenkapital ist im Beispiel:*

| | |
|---|---|
| *Eigenkapital* | *374 150* |

## Wichtige Bilanzkennzahlen

Um immer über den Zustand eines Unternehmens auf dem Laufenden zu sein, bedarf es einer stetigen Kontrolle der Finanzen (des Vermögens und der Schulden). Durch die Verwendung von Kennzahlen erhält man den erforderlichen Überblick. Am aussagekräftigsten sind diese Zahlen bei Zeit- oder Unternehmungsvergleichen. Die folgenden Zahlen stammen aus dem Beispiel der gut gegliederten Bilanz (siehe S. 113):

### *Liquidität*

Die Liquidität misst die Fähigkeit, Schulden begleichen zu können. Ist ein Unternehmen nicht mehr in der Lage, seine Schulden – vor allem die kurzfristigen – zurückzuzahlen, droht der Ruin (Konkurs).

Deshalb lohnt es sich, die Liquidität fortlaufend zu beobachten, um entsprechend schnell reagieren zu können. Dabei ermittelt man folgende **Liquiditätsgrade**:

**Liquiditätsgrad 1:**
(cash ratio)

$$\frac{\text{flüssige Mittel} \times 100}{\text{kurzfristiges Fremdkapital}}$$ oder

| | | |
|---|---|---|
| kurzfr. FK | → | 100 % |
| flüssige Mittel | → | ? |

*Beispiel Boutique B:*

$$\frac{21\,898 \times 100}{45\,748} = 47{,}9\,\%$$ *oder*

| | | |
|---|---|---|
| *45 748* | → | *100 %* |
| *21 898* | → | *47,9 %* |

**Liquiditätsgrad 2:**
(quick ratio)

$$\frac{(\text{flüssige Mittel} + \text{Forderung}) \times 100}{\text{kurzfristiges Fremdkapital}}$$ oder

| | | |
|---|---|---|
| kurzfr. FK | → | 100 % |
| flüssige Mittel + Forderungen | → | ? |

*Beispiel Boutique B:*

$$\frac{37\,898 \times 100}{45\,748} = 82{,}8\,\%$$ *oder*

| | | |
|---|---|---|
| *45 748* | → | *100 %* |
| *37 898* | → | *82,8 %* |

**Liquiditätsgrad 3:**
(current ratio)

$$\frac{\text{Umlaufvermögen} \times 100}{\text{kurzfristiges Fremdkapital}}$$ oder

| | | |
|---|---|---|
| kurzfr. FK | → | 100 % |
| Umlauf-vermögen | → | ? |

*Beispiel Boutique B:*

$$\frac{152\,898 \times 100}{45\,748} = 334{,}2\,\%$$ *oder*

| | | |
|---|---|---|
| *45 748* | → | *100 %* |
| *152 898* | → | *334,2 %* |

Als Kriterien, ob es einem Detailhandelsbetrieb finanziell gut geht oder nicht, gelten folgende Richtwerte:

**RICHTWERTE FÜR DIE LIQUIDITÄT**

- **Der Liquiditätsgrad 1 sollte zwischen 15 und 30 Prozent liegen.**
- **Der Liquiditätsgrad 2 sollte über 100 Prozent betragen.**
- **Der Liquiditätsgrad 3 sollte zwischen 150 und 200 Prozent liegen.**

### *Kapitalstruktur*

Die Kapitalstruktur zeigt das Kapital-Verhältnis eines Betriebs. Man vergleicht dabei das Fremd- und das Eigenkapital.

**Verschuldungsgrad:**

$$\frac{\text{Fremdkapital} \times 100}{\text{Gesamtkapital}}$$ oder

| | | |
|---|---|---|
| Gesamtkapital | → | 100 % |
| Fremdkapital | → | ? |

*Beispiel Boutique B:*

$$\frac{555\,748 \times 100}{929\,898} = 59{,}76\,\%$$ *oder*

| | | |
|---|---|---|
| *929 898* | → | *100 %* |
| *555 748* | → | *59,76 %* |

**RICHTWERT VERSCHULDUNGSGRAD**

**Der Verschuldungsgrad sollte nicht über 50 Prozent steigen (zu hohe Fremdfinanzierung).**

**Finanzierungsverhältnis:** $\frac{\text{Fremdkapital} \times 100}{\text{Eigenkapital}}$ oder Eigenkapital → 100 %; Fremdkapital → ?

*Beispiel Boutique B:* $\frac{555\,748 \times 100}{374\,150} = 148{,}53\,\%$ oder *374 150 → 100 %; 555 748 → 148,53 %*

| RICHTWERT FINANZIERUNGSVERHÄLTNIS |
|---|
| **Das Finanzierungsverhältnis sollte nicht über 100 Prozent steigen (zu hohe Fremdfinanzierung).** |

Je höher die Verschuldung, desto grösser die Abhängigkeit einer Unternehmung von ihren Gläubigern und umso eingeschränkter die Handlungsmöglichkeiten.

### *Deckung der Anlagen*

Einen weiteren Anhaltspunkt über den finanziellen Stand eines Unternehmens liefert der Anlagedeckungsgrad 2. Dieser zeigt, wie hoch der Anteil der Summe von Eigenkapital und langfristigem Fremdkapital im Verhältnis zum Anlagevermögen ist. Langfristig im Unternehmen gebundenes Vermögen sollte auch langfristig finanziert sein.

**Anlagedeckungsgrad 2:** $\frac{(\text{Eigenkapital} + \text{langfristiges Fremdkap.}) \times 100}{\text{Anlagevermögen}}$

oder Anlagevermögen → 100 %; Eigenkapital + langfristiges Fremdkapital → ?

*Beispiel Boutique B:* $\frac{(374\,150 + 510\,000) \times 100}{777\,000} = 113{,}79\,\%$ oder *777 000 → 100 %; 374 150 + 510 000 → 113,79 %*

| RICHTWERT ANLEGEDECKUNGSGRAD 2 |
|---|
| **Der Anlagedeckungsgrad 2 sollte mindestens 100 Prozent betragen. Dieser Finanzierungsgrundsatz wird als goldene Bilanzregel bezeichnet: Langfristig gebundenes Vermögen ist langfristig zu finanzieren.** |

### *Rendite*

Die Rendite zeigt, wie das Eigenkapital rentiert. Es ist eine der wichtigsten Kennzahlen eines Betriebs.

**Eigenkapitalrendite:** $\frac{\text{Gewinn} \times 100}{\text{Eigenkapital}}$ oder EK → 100 %; RG → ?

*Beispiel Boutique B:* $\frac{78\,000 \times 100}{296\,150^{*}} = 26{,}3\,\%$ oder *296 150 → 100 %; 78 000 → 26,3 %*

**Eigenkapital am Jahresanfang ohne Reingewinn.*

*Da der Gewinn dem Eigentümer zufällt, wird er auf Jahresende entweder vom Eigentümer aus dem Geschäft genommen oder im Geschäft belassen und dem Eigenkapital zugerechnet.*

| RICHTWERT RENDITE | |
|---|---|
| • In Krisenjahren über 0 Prozent. | • In der Hochkonjunktur über 7 Prozent. |

## Erfolgsrechnung

Die zweite grosse Sammelrechnung neben der Bilanz ist die Erfolgsrechnung.

Aufwandsvorgänge (Ausgaben) und Ertragsvorgänge (Einnahmen) werden in der Buchhaltung fortlaufend erfasst. Am Ende eines Geschäftsjahrs (Geschäftsperiode) werden sämtliche Aufwände und Erträge einander gegenübergestellt. Diese Gegenüberstellung – die Aufwände links und die Erträge rechts – wird Erfolgsrechnung genannt.

Die Erfolgsrechnung zeigt, wie erfolgreich eine Unternehmung im betrachteten Zeitraum gewirtschaftet hat. Die Erfolgsrechnung bezieht sich somit auf die Vergangenheit und ist eine Zeitraumrechnung. Die Reihenfolge der Konten wird meist nach dem «Kontorahmen für Gewerbe-, Industrie- und Handelsbetriebe» vorgenommen. Grundsätzlich stehen gewichtigere Erfolgskonten oberhalb der anderen.

**ERFOLGSRECHNUNG DER BOUTIQUE B**

| Aufwand | Erfolgsrechnung 20xx | | Ertrag |
|---|---|---|---|
| Warenaufwand | 320 000 | Warenertrag | 956 480 |
| Personalaufwand | 332 540 | Finanzertrag | 4 220 |
| Fahrzeugaufwand | 32 000 | | |
| Mietaufwand | 99 600 | | |
| Werbeaufwand | 30 000 | | |
| Abschreibungen | 6 000 | | |
| ÜBA | 62 560 | | |
| Reingewinn | 78 000 | | |
| | 960 700 | | 960 700 |

**Erklärung zu den Begriffen:**

- **Warenaufwand:** Diesen Betrag hat die Unternehmung für den Einkauf der Handelswaren bezahlt.
- **Personalaufwand:** Diesen Betrag hat die Unternehmung für Löhne, AHV/IV und Pensionskasse bezahlt.
- **Fahrzeugaufwand:** Diesen Betrag hat die Unternehmung für Benzin, Reparatur und Unterhalt der Fahrzeuge bezahlt.
- **Mietaufwand:** Diesen Betrag hat die Unternehmung für die Miete und die Mietnebenkosten (Strom, Wasser, Heizung) von Geschäftsräumen und Lager bezahlt.
- **Werbeaufwand:** Diesen Betrag hat die Unternehmung für die Werbung bezahlt.
- **Abschreibungen:** Fahrzeuge, Einrichtungen, Maschinen und Liegenschaften (Anlagevermögen) können während mehrerer Jahre genutzt werden. Die Wertminderungen infolge Abnutzung oder technischer Veralterung werden als Abschreibungsaufwand berücksichtigt.
- **ÜBA:** (= Übriger Betriebsaufwand). Diesen Betrag hat die Unternehmung z. B. für die Abfallentsorgung, Putzmittel und Papier bezahlt.
- **Reingewinn:** Dies ist die Differenz zwischen Aufwand und Ertrag.
- **Warenertrag:** Diesen Betrag hat die Unternehmung für den Verkauf von Waren eingenommen.
- **Finanzertrag:** Diesen Betrag hat die Unternehmung als Zins für Geld auf Post- und Bankkonten eingenommen.

ERMITTLUNG DES ERFOLGS

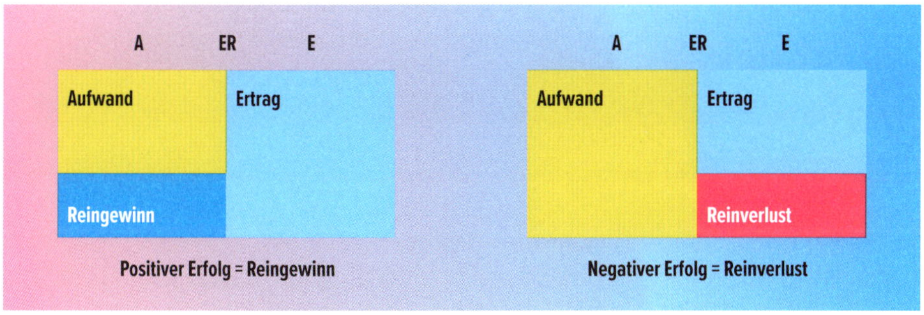


Der Reingewinn gilt als Entlohnung für das eingegangene Risiko der Geschäftseigentümer. Er kann den Eigentümer ausgezahlt oder im Geschäft belassen und wieder investiert werden.

Neben dem Erfolg lassen sich weitere wichtige Kennzahlen aus der Erfolgsrechnung berechnen:

**Bruttogewinn:** **Differenz zwischen Warenertrag und Warenaufwand (Warenertrag – Warenaufwand)**

**Gemeinkosten:** **alle betrieblichen Aufwände ausser dem Warenaufwand**

Die Gemeinkosten entstehen durch den Betrieb eines Geschäfts; sie können nicht direkt einem bestimmten Artikel zugeordnet werden.

**Selbstkosten:** **alle betrieblichen Aufwände inklusive Warenaufwand**

Weiter lassen sich die Zuschlagssätze und die Quoten (Margen) aus der Erfolgsrechnung berechnen, die für die Verkaufskalkulation benötigt werden.

Bei der Berechnung der Zuschläge verläuft der Rechnungsweg stets vom Wareneinkauf zum Warenverkauf. Bei der Berechnung der Quoten wird hingegen vom Warenverkauf zum Wareneinkauf gerechnet.

BERECHNUNGSWEG ZUSCHLÄGE UND QUOTEN

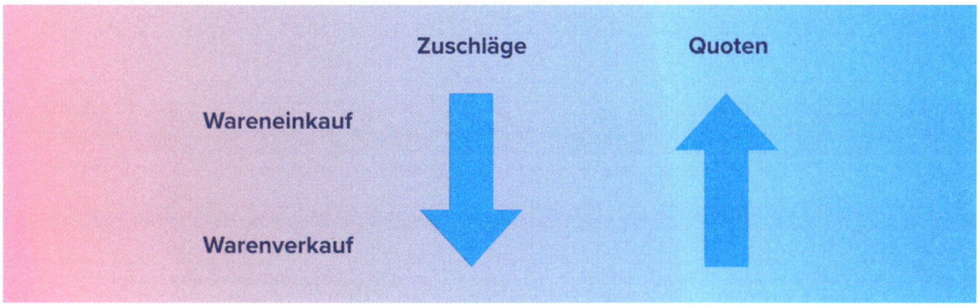


**Bruttogewinnzuschlag:** **Verhältnis des Bruttogewinns zum Warenaufwand in Prozent (Warenaufwand = 100 %)**

$$\frac{\text{Bruttogewinn} \times 100}{\text{Warenaufwand}}$$

**Bruttogewinnquote (Marge):** **Verhältnis des Bruttogewinns zum Warenertrag in Prozent (Warenertrag = 100 %)**

$$\frac{\text{Bruttogewinn} \times 100}{\text{Warenertrag}}$$

## Budget

Im Budget (der Planungsrechnung) werden die angenommenen Aufwände und Erträge der folgenden Periode einander gegenübergestellt. Man schätzt also ab, wie sich die Aufwände und Erträge in der folgenden Periode verändern werden. Dazu werden die Zahlen der Erfolgsrechnung an die mögliche zukünftige Entwicklung angepasst.

Die Buchhaltung (Bilanz und Erfolgsrechnung) zeigt in Zahlen den Erfolg (oder Misserfolg) von Entscheidungen, die in der Vergangenheit getroffen wurden. Die Marktstellung eines Detailhandelsbetriebs wird aber nicht nur von Vergangenheits- und Gegenwartsentscheidungen bestimmt, sondern ganz entscheidend von der richtigen Einschätzung der zukünftigen Entwicklungen. Die Grundlage für das Budget sind immer die Zahlen der Vergangenheit, d. h. die Erfolgsrechnung der vorangehenden Perioden. Währenddem die Buchhaltung sehr exakt ist, beinhalten die Zahlen des Budgets viele Unsicherheitsfaktoren. Trotzdem kann heute kein moderner Betrieb darauf verzichten.

Der Detailhandel ist stark von gesellschaftlichen und wirtschaftlichen Veränderungen abhängig, sodass die erzielten Umsatz- und Absatzzahlen sowie die Kosten laufend einer Überprüfung bedürfen. Des Weiteren werden in einer Unternehmung Entscheidungen für die Zukunft getroffen, und es muss laufend überprüft werden, ob diese auch tatsächlich erfolgreich sind. Das Budget, auch **Planungsrechnung** genannt, liefert hierfür die Unterlagen.

Durch den ständigen Vergleich der tatsächlich erzielten Zahlen mit dem Budget kann die Unternehmensleitung **Korrekturmassnahmen** frühzeitig einleiten. Auch angezeigte Erweiterungen oder auch Schrumpfungen des Betriebs werden durch diese Vergleiche ersichtlich.

*Hierzu ein Beispiel:*

*Aufgrund der verschlechterten Wirtschaftslage entscheidet ein Modegeschäft der obersten Preisklasse, das Sortiment um eine günstigere Kollektion zu erweitern. Im Budget (und auch der laufenden Buchhaltung) werden die Erträge (Umsätze) dieser Kollektion gesondert geführt. Die Unternehmensleitung schätzt (budgetiert) den Ertrag dieser Ware auf Fr. 200 000.–, wobei Fr. 60 000.– des Umsatzes bis zum 30. April erzielt werden sollen. Laufend wird nun der erzielte Ertrag mit dem budgetierten Ertrag verglichen.*

*Zeigen die Zahlen der Buchhaltung, dass der tatsächlich erzielte Ertrag um 50 Prozent höher liegt als erwartet (die Ware musste reassortiert werden), wird die Unternehmensleitung weiterhin preiswerte Kollektionen ins Sortiment aufnehmen. Im anderen Falle, wenn die erzielten Erträge um 50 Prozent tiefer als budgetiert liegen, hat die Unternehmensleitung grundsätzlich zwei Möglichkeiten: Entweder wird beim nächsten Einkauf auf preiswerte Kollektionen verzichtet (die Kundschaft will diese Ware nicht in diesem Geschäft kaufen), oder das Verkaufspersonal fördert den Verkauf dieser Ware zu wenig und muss entsprechend geschult oder allenfalls z. B. durch Provisionen angespornt werden.*

Budgetiert werden aber nicht nur Erträge, sondern sämtliche Positionen der Erfolgsrechnung, also alle Aufwände und alle Erträge einer Unternehmung.

*Beispiel Boutique B:*

*Die Erfolgsrechnung der Boutique B per Ende Jahr zeigte ein sehr gutes Resultat. Die «Boutique B» bezieht ihr Sortiment hauptsächlich im Ausland und bezahlt in Euro und US-Dollars. Den Grund für den erzielten Reingewinn sieht die Geschäftsführerin hauptsächlich im starken Frankenkurs. Aufgrund der Prognosen der Banken und spezialisierter Prognoseinstitute wird allgemein für das neue Jahr ein starker Dollar und ein etwas stärkerer Euro erwartet. Dadurch dürfte der Warenaufwand im neuen Jahr höher ausfallen als im Vorjahr. Die Geschäftsleitung ihrerseits geht davon aus, dass alle anderen Faktoren, also alle Aufwände und Erträge, im selben Rahmen bleiben werden wie im Jahr zuvor. Für die «Boutique B» könnte demnach ein Budget wie folgt aussehen:*

**ERFOLGSRECHNUNG DER BOUTIQUE B**

| **Aufwand** | **Erfolgsrechnung 20xx** | | **Ertrag** |
|---|---|---|---|
| Warenaufwand | 360 000 | Warenertrag | 960 000 |
| Personalaufwand | 340 000 | Finanzertrag | 4 000 |
| Fahrzeugaufwand | 35 000 | | |
| Mietaufwand | 100 000 | | |
| Werbeaufwand | 30 000 | | |
| Abschreibungen | 6 000 | | |
| ÜBA | 65 000 | | |
| Reingewinn | 28 000 | | |
| | 964 000 | | 964 000 |

*Aus diesem Beispiel wird ersichtlich, dass die Überwachung der Aufwand- und Ertragsentwicklung äusserst wichtig ist:*

a) Zwar erzielt die Boutique B immer noch einen budgetierten Reingewinn von Fr. 28 000.–, dieser ist aber auf 3 % der Selbstkosten gesunken.

b) Der budgetierte Bruttogewinn beträgt Fr. 600 000.–. er budgetierte Bruttogewinnzuschlag beträgt noch 166,7 %.

c) Sollten unvorhergesehene Einflüsse die Umsatzentwicklung verschlechtern oder ebenso Unvorhergesehenes Mehrkosten verursachen, riskiert die Boutique B einen Verlust.

d) Die Boutique B wird in erster Linie den Umsatz genau beobachten und alles daran setzen, den Verkauf zu fördern. Die Kosten wird sie ebenfalls beobachten und möglichst alle unnötigen Ausgaben vermeiden.

## Bilanz

**15.1 Betrachten Sie die folgende Bilanz des Elektronikfachgeschäfts Schweizer.**

| BILANZ AUF JAHRESENDE (IN TAUSEND FRANKEN) | | | |
|---|---|---|---|
| **Aktiven** | | | **Passiven** |
| **Umlaufvermögen** | | **Fremdkapital** | |
| Kasse | 4 | Verbindlichkeiten aus Lieferungen und Leistungen | 12 |
| Post | 6 | Bankschuld | 19 |
| Forderungen aus Lieferungen u. Leistungen | 14 | Hypotheken | 300 |
| Warenvorräte | 65 | | |
| **Anlagevermögen** | | **Eigenkapital** | |
| Fahrzeuge | 10 | Eigenkapital | 219 |
| Einrichtungen | 25 | Gewinn | ? |
| Liegenschaften | 450 | | |
| | 574 | | 574 |

a) Welche Informationen liefert Ihnen die Aktivseite?

b) Was erfahren Sie aus der Passivseite?

c) Das Wort «Bilanz» hat seinen Ursprung im italienischen «bilancia» und heisst so viel wie Gleichgewicht bzw. Waage. Was hat die oben stehende Bilanz mit einer Waage zu tun?

d) Wie hoch fiel demnach der Gewinn des Elektronikfachgeschäfts Schweizer im letzten Geschäftsjahr aus?

e) Wie viel betrug die Eigenkapitalrendite? Hätte der Unternehmensinhaber Marcel Schweizer sein Kapital im letzten Jahr besser auf der Bank (aktueller Zinssatz: 0,4 %) angelegt? Runden Sie Ihr Resultat auf zwei Stellen nach dem Komma.

**15.2 Betrachten Sie nochmals die Bilanz in Aufgabe 15.1 und beantworten Sie dazu die folgenden Fragen:**

a) Nach welchem Ordnungsprinzip wurden die Aktiven gegliedert?

b) Wie begründen Sie die Gliederung der Passiven?

c) Was versteht man unter dem Umlaufvermögen?

d) Welche Vermögensteile gehören zum Anlagevermögen?

**e)** Berechnen Sie den Liquiditätsgrad 2 des Unternehmens.

**f)** Beurteilen Sie die Höhe des Liquiditätsgrads 2.

**g)** Nennen Sie Massnahmen, mit denen der Liquiditätsgrad 2 der Firma verbessert werden kann.

**h)** Wie soll das Anlagevermögen finanziert werden? Begründen Sie Ihre Antwort.

**i)** Ist das Anlagevermögen des Elektronikfachgeschäfts Schweizer gut finanziert? Berechnen Sie zur Beantwortung dieser Frage den Anlagedeckungsgrad des Geschäfts.

### 15.3 Können aus einer Schlussbilanz die folgenden Grössen gewonnen werden? Kreuzen Sie an.

| ja | nein | |
|---|---|---|
| ☐ | ☐ | Warenumsatz der eingekauften Waren |
| ☐ | ☐ | Warenumsatz der verkauften Waren |
| ☐ | ☐ | Eigenkapitalrendite |
| ☐ | ☐ | Liquidität |
| ☐ | ☐ | Geschäftsschulden |
| ☐ | ☐ | Reingewinn |
| ☐ | ☐ | Anlagevermögen |
| ☐ | ☐ | Verschuldungsgrad |
| ☐ | ☐ | Marge |

### 15.4 Die Buchhaltungsabteilung meldet folgende Zahlen über die letzte T-Shirt-Aktion.

| Erträge | | |
|---|---|---|
| 1. | Verkaufserlös 4 966 Stk. à Fr. 15.– | 74 490.– |
| 2. | Verkaufserlös 2 988 Stk. mit 20 % auf Fr. 15.– | 35 856.– |
| 3. | Verkaufserlös 1 577 Stk. mit 30 % auf Fr. 15.– | 16 558.50 |
| 4. | Rest von 10 000 eingekauften Stück abschreiben | 0.– |
| | **Einnahmen total** | **126 904.50** |

| Aufwände | | |
|---|---|---|
| 1. | T-Shirt-Einkauf 10 000 Stk. à Fr. 4.90 | 49 000.– |
| 2. | Bezugsspesen insgesamt Fr. 540.– | 540.– |
| 3. | Zusätzliche Arbeitsspesen 40 Std. à Fr. 18.90 | 756.– |
| 4. | Inseratekosten Fr. 5 300.– | 5 300.– |
| 5. | Plakate im Laden u.a. Fr. 410.– | 410.– |
| | **Aufwände total** | **56 006.–** |

**War die T-Shirt-Aktion ein Erfolg? Begründen Sie Ihre Antwort mit Zahlen.**

**15.5 Sind die folgenden Aussagen zur Bilanz richtig oder falsch? Kreuzen Sie an und korrigieren Sie falsche Aussagen in einem kurzen Satz.**

| Aussage | ja | nein | Korrektur |
|---|---|---|---|
| Die Bilanz ist eine Gegenüberstellung von Einnahmen und Ausgaben. | ☐ | ☐ | |
| Die Bilanz ist eine Zeitpunktrechnung, d.h., sie gilt nur an einem bestimmten Bilanzstichtag. | ☐ | ☐ | |
| Der Warenvorrat gehört zum Anlagevermögen. | ☐ | ☐ | |
| Unter flüssigen Mitteln versteht man die Konten Kasse, Post und Bank. | ☐ | ☐ | |
| Die Passivkonten sind nach der Liquidität geordnet. Je schneller eine Schuld beglichen werden muss, desto weiter oben steht sie. | ☐ | ☐ | |
| Die Bilanzsumme auf der linken und auf der rechten Seite ist nie gleich gross, weil es fast immer einen Gewinn oder Verlust gibt. | ☐ | ☐ | |
| Der Eigentümer schuldet dem Unternehmen das Eigenkapital. | ☐ | ☐ | |
| Mit dem Handelsregistereintrag ist das Aufstellen einer Bilanz obligatorisch. | ☐ | ☐ | |
| Die Verbindlichkeiten aus Lieferungen und Leistungen stehen auf der Aktivseite. | ☐ | ☐ | |
| Rechnungen an Kunden aus Warenverkäufen werden im Konto Forderungen aus Lieferungen und Leistungen verbucht. | ☐ | ☐ | |
| Die Passivseite zeigt, wie das Kapital im Unternehmen investiert ist. | ☐ | ☐ | |

**15.6 Ambra Sanchez erstellt für das abgelaufene Geschäftsjahr eine Bilanz. Es liegen folgende Zahlen in Schweizer Franken vor:**

Darlehen 42 000; Forderungen aus Lieferungen und Leistungen (FLL) 8 000; Eigenkapital ?; Post 11 000; Hypothek 280 000; Fahrzeuge 30 000; Verbindlichkeiten aus Lieferungen und Leistungen (VLL) 5 000; Immobilien 400 000; Warenlager 12 000; Bankschuld 3 000; Mobilien 15 000; Kasse 2 000.

**Erstellen Sie mit den oben aufgeführten Angaben eine korrekt gegliederte Bilanz. Berechnen Sie dazu auch das Eigenkapital. Folgende Begriffe sind bei der Aufstellung und Beschriftung der Bilanz zu verwenden:**

Fremdkapital, Umlaufvermögen, Passiven, Bilanz, Eigenkapital, Anlagevermögen, Aktiven

**15.7 Anhand der Bilanz kann am Jahresende ein allfälliger Gewinn oder Verlust berechnet werden. Da die Aktiven (Vermögensseite) und die Passiven (Schuldenseite) stets gleich gross sein müssen, entspricht der Gewinn der Differenz von Aktiven und Passiven. Analysieren Sie die Schlussbilanzen zweier Unternehmen und lösen Sie die unten stehenden Aufgaben auf einem separaten Blatt.**

**SCHLUSSBILANZ FIRMA A**

| Aktiven | | Passiven | |
|---|---|---|---|
| Kasse | 12 000.– | Verbindlichk. aus LL | 18 000.– |
| Post | 14 000.– | Bankschuld | 29 000.– |
| Bank | 26 000.– | Darlehen | 50 000.– |
| Lieferungen aus LL | 12 000.– | Eigenkapital | 200 000.– |
| Warenvorräte | 144 000.– | | |
| Fahrzeuge | 35 000.– | | |
| Mobilien | 92 000.– | | |
| | | Gewinn | |
| | 335 000.– | | 335 000.– |

**SCHLUSSBILANZ FIRMA B**

| Aktiven | | Passiven | |
|---|---|---|---|
| Kasse | 3 000.– | Verbindlichk. aus LL | 22 000.– |
| Post | 12 000.– | Bankschuld | 31 000.– |
| Bank | 33 000.– | Darlehen | 50 000.– |
| Lieferungen aus LL | 15 000.– | Hypothek | 524 000.– |
| Warenvorräte | 156 000.– | | |
| Fahrzeuge | 21 000.– | | |
| Mobilien | 75 000.– | Eigenkapital | 300 000.– |
| Immobilien | 650 000.– | | |
| | | Gewinn | |
| | 965 000.– | | 965 000.– |

Bemerkung: Die Bankschuld ist kurzfristig, das Darlehen hingegen eine langfristige Schuld.

a) Berechnen Sie die beiden Gewinne und setzen Sie sie oben in die Bilanz ein.

b) Welche Unternehmung hat ein besseres Ergebnis erzielt?

c) Berechnen Sie die Renditen des Eigenkapitals.

d) Welche Unternehmung steht demnach besser da?

e) Berechnen Sie den Liquiditätsgrad 1.

f) Welche Unternehmung steht unter diesem Gesichtspunkt besser da?

g) Berechnen Sie den Liquiditätsgrad 2.

h) Welche Unternehmung steht nach diesem Aspekt besser da?

i) Berechnen Sie den Liquiditätsgrad 3.

j) Welche Unternehmung steht nun besser da?

k) Berechnen Sie den Verschuldungsgrad.

l) Welche Unternehmung steht unter diesem Gesichtspunkt besser da?

m) Berechnen Sie das Finanzierungsverhältnis (Gewinn zählt als Eigenkapitalanteil).

n) Welche Unternehmung weist eine gesündere Finanzierung auf?

o) Berechnen Sie den Anlagedeckungsgrad (Gewinn zählt als Eigenkapitalanteil).

p) In welchem Unternehmen sind die Anlagen besser abgedeckt?

q) Wie stehen die beiden Unternehmen im Gesamtvergleich da?

r) Was könnte in der Firma B als zusätzlicher Vorteil angesehen werden?

## Erfolgsrechnung

**15.8 Sind die folgenden Posten jeweils Teil der Bilanz (Aktiven oder Passiven) oder der Erfolgsrechnung (Aufwand oder Ertrag)? Kreuzen Sie die korrekte Lösung an.**

| | Aktiven | Passiven | Aktiven | Passiven |
|---|---|---|---|---|
| Bankschuld | ☐ | ☐ | ☐ | ☐ |
| Forderungen aus Lieferungen und Leistungen | ☐ | ☐ | ☐ | ☐ |
| Fahrzeuge | ☐ | ☐ | ☐ | ☐ |
| Lohn | ☐ | ☐ | ☐ | ☐ |
| Eigenkapital | ☐ | ☐ | ☐ | ☐ |
| Abschreibungen | ☐ | ☐ | ☐ | ☐ |
| Anlagevermögen | ☐ | ☐ | ☐ | ☐ |
| Verbindlichkeiten aus Lieferungen und Leistungen | ☐ | ☐ | ☐ | ☐ |
| Hypothek | ☐ | ☐ | ☐ | ☐ |
| Zinseinnahmen | ☐ | ☐ | ☐ | ☐ |
| Kurzfristiges Fremdkapital | ☐ | ☐ | ☐ | ☐ |
| Umsatz | ☐ | ☐ | ☐ | ☐ |
| Warenvorrat | ☐ | ☐ | ☐ | ☐ |
| Werbeausgaben | ☐ | ☐ | ☐ | ☐ |
| Flüssige Mittel | ☐ | ☐ | ☐ | ☐ |
| Verlust | ☐ | ☐ | ☐ | ☐ |

### 15.9 *Fallbeispiel: Erfolgsrechnung Lebensmittelgeschäft*

**Ein Lebensmittelgeschäft hatte im vergangenen Jahr die folgenden Aufwände und Erträge (in tausend Franken): Warenertrag 185, Warenaufwand 98, Personalaufwand 43, Mietaufwand 21, Fahrzeugaufwand 9, ÜBA 6, Finanzertrag 3.**

a) Erstellen Sie die Erfolgsrechnung und berechnen Sie den Erfolg.

| | | | |
|---|---|---|---|
| | | | |
| | | | |
| | | | |
| | | | |
| | | | |
| | | | |
| | | | |
| | | | |

b) Wie hoch war die Eigenkapitalrendite, wenn das Eigenkapital Fr. 140 000.– betrug? Runden Sie auf zwei Stellen nach dem Komma und beurteilen Sie das Resultat.

c) Wie viel betrug der Bruttogewinn?

d) Wie hoch war demnach der Bruttogewinnzuschlag und die Bruttogewinnquote?

e) Welchen Verkaufspreis verlangt demnach das Lebensmittelgeschäft für einen neu ins Sortiment aufgenommenen Energydrink, für den ein Einstandspreis von Fr. 1.80 bezahlt wurde?

**15.10 Ihr Freund behauptet, die Höhe des Mietzinses des Ladenlokals eines Detailhandelsbetriebs habe keinen Einfluss auf den Gewinn. Hat Ihr Freund recht?**

**15.11 Können aus der Erfolgsrechnung die folgenden Grössen gewonnen werden? Kreuzen Sie an.**

| ja | nein | |
|---|---|---|
| ☐ | ☐ | Umsatz zum Einstandspreis der verkauften Waren |
| ☐ | ☐ | Gemeinkosten |
| ☐ | ☐ | Verkaufsumsatz |
| ☐ | ☐ | Eigenkapital |
| ☐ | ☐ | Reinverlust |
| ☐ | ☐ | Reingewinn |
| ☐ | ☐ | Bruttogewinn |
| ☐ | ☐ | Geschäftsvermögen |
| ☐ | ☐ | Marge |

**15.12 Sind die folgenden Aussagen zur Erfolgsrechnung richtig oder falsch? Kreuzen Sie an und korrigieren Sie falsche Aussagen in einem kurzen Satz.**

| Aussage | ja | nein | Korrektur |
|---|---|---|---|
| Der Reingewinn in der Erfolgsrechnung ist immer gleich gross wie der Reingewinn in der Bilanz. | ☐ | ☐ | |
| Die Erfolgsrechnung ist eine Zeitraumrechnung. Sie wird meistens für ein Jahr erstellt, kann aber auch für einen Monat oder ein Quartal erstellt werden. | ☐ | ☐ | |
| Der Gewinn wird auf der Aufwandsseite eingetragen. | ☐ | ☐ | |
| In der Erfolgsrechnung werden die geplanten Aufwände den geplanten Erträgen gegenübergestellt. | ☐ | ☐ | |
| Rechnungen an Kund*innen erhöhen den Bruttogewinn. | ☐ | ☐ | |
| Rabatte von Lieferanten erhöhen den Bruttogewinn. | ☐ | ☐ | |
| Im Konto Abschreibungen auf der Aufwandsseite der Erfolgsrechnung wird der Wertverlust des Anlagevermögens verbucht. | ☐ | ☐ | |
| Steigt der Umsatz eines Unternehmens, nimmt der Bruttogewinn immer zu. | ☐ | ☐ | |

## Budget

**15.13 Analysieren Sie die Erfolgsrechnung auf Jahresende und das Budget für das nächste Jahr und lösen Sie die unten stehenden Aufgaben.**

**ERFOLGSRECHNUNG AUF JAHRESENDE**

| Aufwand | | Ertrag | |
|---|---|---|---|
| Wareneinkauf | 352 000.– | Warenverkauf | 767 000.– |
| Personal | 182 000.– | Finanzertrag | 2 000.– |
| Raumaufwand | 104 000.– | | |
| Fahrzeugkosten | 16 000.– | | |
| Werbekosten | 21 000.– | | |
| ÜBA | 56 000.– | | |
| Gewinn | 38 000.– | | |
| | 769 000.– | | 769 000.– |

>

**BUDGET FÜR DAS NÄCHSTE JAHR**

| Aufwand | | Ertrag | |
|---|---|---|---|
| Wareneinkauf | | Warenverkauf | |
| Personal | | Finanzertrag | |
| Raumaufwand | | | |
| Fahrzeugkosten | | | |
| Werbekosten | | | |
| ÜBA | | | |
| a.o. Aufwand | | | |
| Budget Gewinn | | | |
| | | | |

Bemerkung: a.o. Aufwand heisst ausserordentlicher Aufwand.

***Gedanken zum Jahresabschluss:***

a) Wie hoch war der Umsatz zu Verkaufspreisen?

b) Wie hoch war der Umsatz zu Einkaufspreisen?

c) Wie gross war der Bruttogewinn?

d) Mit welchem Bruttogewinnzuschlag wurde kalkuliert?

e) Wie gross war der Reingewinn?

f) Wie gross waren die Gemeinkosten?

g) Wie gross waren die Selbstkosten?

***Gedanken zum neuen Jahr (Füllen Sie das obige Budget aus):***

h) Die wirtschaftlichen Aussichten stehen weder gut noch schlecht. Wir kaufen wieder gleich viel ein.

i) Dem Personal wird nur die Teuerung ausgeglichen, d.h., es entstehen Mehrkosten von Fr. 4000.–.

j) Der Raumaufwand ist im Verhältnis zu hoch. Wir geben einen gemieteten Nebenraum ab und sparen so Fr. 10000.– im Jahr.

k) Wir müssen das Fahrzeug zusätzlich um Fr. 4000.– abschreiben. Die übrigen Kosten bleiben.

l) In der Werbung sparen wir neu durch Streichung eines Wettbewerbs Fr. 1000.–.

m) Die übrigen Kosten ÜBA bleiben im neuen Jahr gleich hoch.

n) Ein zu reparierender Wasserschaden wird von der Versicherung nicht voll bezahlt. Wir rechnen mit einem Selbstbehalt von Fr. 20000.–, den wir unter a.o. Aufwand eintragen.

o) Der Betriebsberater berichtet, wir sollen neu mit einem Bruttogewinnzuschlag von 125% kalkulieren (Taschenrechner und evtl. Zusatzblatt benutzen).

p) Der Finanzertrag bleibt gleich hoch.

q) Tragen Sie zum Schluss den budgetierten Reingewinn ein.

## 15.14 *Fallbeispiel: Budget Marronistand*

**Ihnen liegt die Erfolgsrechnung vom letzten Winter eines Marronistands vor:**

| ERFOLGSRECHNUNG (IN TAUSEND FRANKEN) | | | |
|---|---|---|---|
| **Aufwand** | | | **Ertrag** |
| Warenaufwand | 15 | Warenertrag | 30 |
| Personalaufwand | 5 | | |
| Mietaufwand | 2 | | |
| ÜBA | 1 | | |
| Reingewinn | ? | | |
| | 30 | | 30 |

a) Wie hoch war im letzten Winter der Gewinn des Marronistands?

**b)** Die Inhaberin des Marronistands rechnet für den nächsten Winter mit einer Verdoppelung des Mietaufwands, da sie ihr Marronihäuschen bei einem anderen Vermieter beziehen wird. Zudem rechnet sie mit einer Verteuerung der Kastanien um 20 %. Als Lohn will sie sich neu Fr. 6 000.– auszahlen. Beim übrigen Aufwand erwartet sie eine Verdreifachung, da sie den Marronistand verstärkt dekorieren will. Kürzlich hat sie im Radio von einem Muotathaler Wetterpropheten gehört, dass ein sehr strenger Winter bevorstehe. Daher erhofft sie sich eine Steigerung der Verkäufe um 10 %. Erstellen Sie mit diesen Angaben ein Budget für den nächsten Winter. Wie dürfte sich der Gewinn entwickeln?

# 16 ÖKONOMISCHES PRINZIP / KENNZAHLEN

Im Privatleben ist jede Person in unserer modernen Gesellschaft **ein*e Konsument*in**. Das trifft auch auf junge Berufsleute in der Ausbildung wie Sie zu, denn in der Freizeit konsumieren Sie Güter und Dienstleistungen. Sie befriedigen ihre wirtschaftlichen Bedürfnisse mit wirtschaftlichen Gütern. Zu diesem Zweck geben Sie Geld aus.

Wirtschaftlichkeit bei Konsument*innen

Wenn ein*e Konsument*in sein*ihr Geld einteilt, um anschliessend möglichst viel damit herauszuholen, geht er*sie wirtschaftlich vor.

Können Sie sich immer alle Wünsche erfüllen, sprich alle Bedürfnisse befriedigen? Wohl kaum. Geht es Ihnen nicht auch so, dass Sie zwischendurch sparen und warten müssen, bis das nötige Kleingeld zum angepeilten Konsum ausreicht? Wenn Sie sparen, verzichten Sie einerseits auf die verzichtbaren Konsumgüter, andererseits vermindern Sie Ihre Ausgaben auch, indem Sie möglichst preisgünstige Güter und Dienstleistungen kaufen.

Vorsicht im Umgang mit dem Geld gilt selbstverständlich auch für die **Detailhändler*innen**. Wie Sie wissen, haben die wirtschaftlichen Güter einen bestimmten Preis. Dieser entspricht dem Verkaufserlös der Detaillist*innen. Da die Beschaffung der Güter mit Kosten verbunden ist, bleibt den Händler*innen nur die Differenz zwischen Verkaufspreis und Einkaufskosten. Diese Differenz entspricht dem Gewinn der Detailhändler*innen. Weil Detailhändler*innen einen möglichst hohen Gewinn erwirtschaften möchten, sind sie bestrebt, die Einkaufskosten so tief als möglich zu halten, aber die Produkte zu möglichst hohen Preisen abzusetzen.

Wirtschaftlichkeit der Detailhändler*innen

Einen hohen Gewinn zu erzielen, bedeutet wirtschaftliches Verhalten seitens der Detailhändler*innen.

Das Prinzip des sparsamen Verhaltens nennt man in den Wirtschaftswissenschaften das **ökonomische (wirtschaftliche) Prinzip**. Privatleute müssen sich nicht immer daran halten, manchmal sind sie sogar recht verschwenderisch. Aber von Berufsleuten wird erwartet, dass sie sich immer nach dem ökonomischen Prinzip ausrichten.

Das ökonomische Prinzip

Das ökonomische Prinzip kann auf drei Arten umschrieben werden, nämlich als Minimal-, Maximal- und Optimalprinzip.

DAS ÖKONOMISCHE PRINZIP

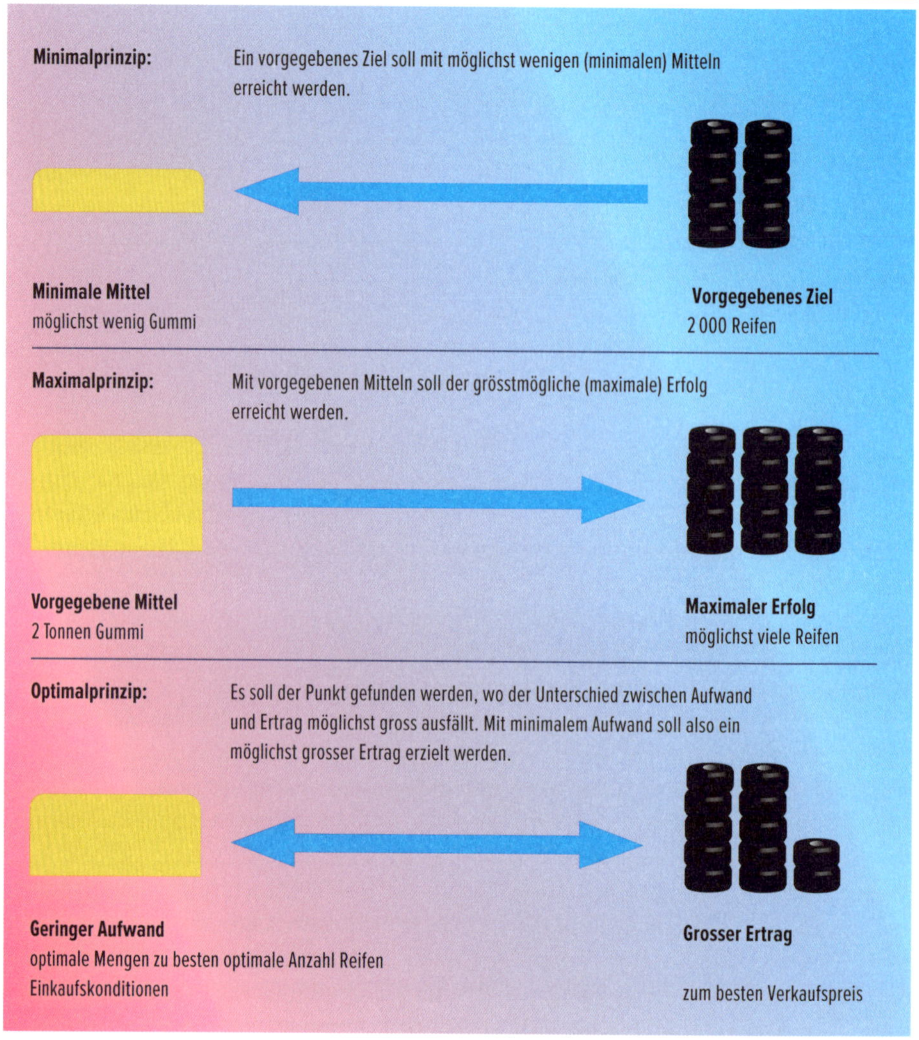


## Effektivität und Effizienz

Mit der **Effektivität** stellen wir fest, ob ein Ziel effektiv (tatsächlich) erreicht wird oder nicht: «Die richtigen Dinge tun».

*Beispiel: Sie wollen Ihre Waren schön im Schaufenster präsentieren. Wenn Sie nun verschiedene Dekorationsgegenstände einkaufen, ist dies ein wirksames Mittel, um Ihr Ziel (ein schönes Schaufenster) zu erreichen. Sie haben also effektiv gehandelt.*

Für die Überprüfung der Arbeit und für eine Qualitätskontrolle wird zusätzlich der Begriff der **Effizienz** verwendet:

Mit der Effizienz beschreiben wir, ob das Ziel bestmöglich erreicht worden ist: «Die Dinge richtig tun».

*Um das Beispiel von oben fortzusetzen: Wenn Sie nun nicht nur effektiv, sondern auch effizient handeln, kaufen Sie nicht einfach wahllos Dekorationsgegenstände ein, sondern Sie kaufen gerade so viel, damit Sie ein schönes Schaufenster herrichten können. Ihr Ziel ist also nicht nur das schöne Schaufenster, Sie wollen dieses Ziel gleichzeitig mit dem geringsten Aufwand (mit den geringsten Kosten) erreichen.*

## BEISPIEL ZU EFFIZIENZ UND EFFEKTIVITÄT

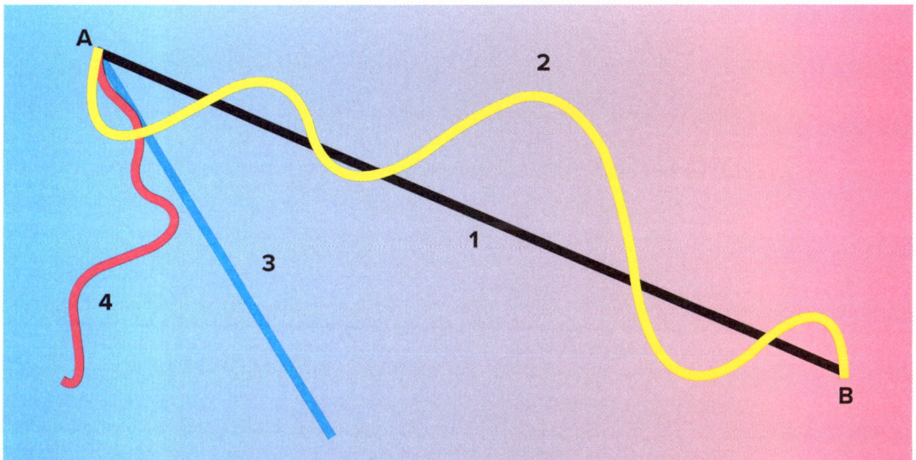


Der Chauffeur des Hauslieferdienstes hat 4 Möglichkeiten, seine Route von A nach B zurückzulegen:

| | | |
|---|---|---|
| 1 | Effektivität ja: | kommt an. |
| | Effizienz ja: | kommt schnell an. |
| 2 | Effektivität ja: | findet den Zielort. |
| | Effizienz nein: | verliert Zeit durch Umwege. |
| 3 | Effektivität nein: | kommt nicht an. |
| | Effizienz nein: | fährt zügig, aber verfehlt das Ziel. |
| 4 | Effektivität nein: | kommt nicht an. |
| | Effizienz nein: | fährt kompliziert und falsch. |

Die Frage nach effektivem und effizientem Arbeiten kann natürlich für alle anfallenden Arbeiten in einem Betrieb gestellt werden. Nochmals: Wer eine Arbeit tatsächlich bewerkstelligt, ist effektiv. Wer die Arbeit überdies geradlinig, unkompliziert und ohne Umwege beendet, ist effizient.

### Wirtschaftlichkeit

Erinnern wir uns an das ökonomische Prinzip. Dabei geht es um ein vorteilhaftes Verhältnis zwischen Aufwand und Ertrag. Dieses Prinzip kann auch in Zahlen ausgedrückt werden, nämlich mit der Formel zur Wirtschaftlichkeit. Bei dieser wird der Ertrag ins Verhältnis zum Aufwand gesetzt.

Mit der Wirtschaftlichkeit W messen wir die Effizienz anhand vom Geldwert:

$$\textbf{Wirtschaftlichkeit (W)} = \frac{\textbf{Ertrag (E)}}{\textbf{Aufwand (A)}} = \frac{\textbf{Einnahmen in Fr.}}{\textbf{Ausgaben in Fr.}}$$

Man wirtschaftet umso effizienter, je höher der Ertrag im Verhältnis zum Aufwand zu stehen kommt, je grösser die aus der Division resultierende Zahl ist. Von effizientem Wachstum kann also nur die Rede sein, wenn der Ertrag in Franken grösser ist als der Aufwand in Franken (z. B. Einnahmen grösser Ausgaben).

| WIRTSCHAFTLICHKEIT | | |
|---|---|---|
| 1. **Positive Wirtschaftlichkeit**<br>Profit (Ertrag > Aufwand) | Sie kaufen ein Produkt für Fr. 1.–<br>und verkaufen es für Fr. 2.–. | $W = \frac{2.–}{1.–} = 2 \quad (W > 1)$ |
| 2. **Neutrale Wirtschaftlichkeit**<br>Nullrunde (Ertrag = Aufwand) | Sie kaufen ein Produkt für Fr. 1.–<br>und verkaufen es für Fr. 1.–. | $W = \frac{1.–}{1.–} = 1 \quad (W = 1)$ |
| 3. **Negative Wirtschaftlichkeit**<br>Defizit (Ertrag < Aufwand) | Sie kaufen ein Produkt für Fr. 1.–<br>und können es nur noch für Fr. –.50<br>weiterverkaufen. | $W = \frac{–.50}{1.–} = 0{,}5 \quad (W < 1)$ |

### Produktivität

Die Formel der Wirtschaftlichkeit gebrauchen wir auch zum Ausrechnen der Produktivität (P), mit dem Unterschied, dass wir nicht Franken, sondern speziell arbeitsspezifische Grössen einsetzen.

Bei der Produktivität (P) messen wir die Effizienz anhand der Arbeitsleistung:

$$\textbf{Produktivität (P)} = \frac{\textbf{Ertrag}}{\textbf{Aufwand}} = \frac{\textbf{Arbeitsertrag}}{\textbf{Arbeitsaufwand}}$$

Zur besseren Erklärung der Produktivität schauen wir uns folgendes Beispiel an:

*Verkäuferin X verkauft in 5 Stunden 10 Pullover:*

$$\textit{ihre Arbeitsproduktivität } P = \frac{10 \text{ Pullover}}{5 \text{ Stunden}} = 2 \text{ Pullover/Std.}$$

*Nun werden die Pullover besser präsentiert und neu an der Sammelkasse bezahlt.*

*Verkäuferin X verkauft jetzt in 8 Stunden 80 Pullover:*

$$\textit{neue Arbeitsproduktivität } P = \frac{80 \text{ Pullover}}{8 \text{ Stunden}} = 10 \text{ Pullover/Std.}$$

*Resultat: Die Rationalisierungsmassnahmen haben eine Effizienzsteigerung ergeben, die Produktivität ist im Pulloverrayon um das Fünffache gesteigert worden.*

Das Resultat einer ausgerechneten Produktivität ist immer eine Durchschnittszahl oder eine sogenannte Kennzahl. Anhand von Kennzahlen erkennt man den Erfolg auf vielen Gebieten.

### Umsatz- und Absatzkennzahlen

Die wichtigsten Kennzahlen für die Produktivität im Detailhandel sind die Umsatz- und Absatzkennzahlen.

#### *Absatz*

Der Absatz ist die Anzahl (Menge) an verkauften Artikeln in einem bestimmten Zeitabschnitt (Periode).

*Umsatz*
Der Umsatz erfasst den Absatz wertmässig. Er entspricht dem Wert der verkauften Ware, also der eingenommenen Geldsumme.

**WICHTIGE UMSATZ- UND ABSATZKENNZAHLEN**

- **Umsatz pro Filiale pro Jahr**
- **Umsatz pro Angestellte pro Monat**
- **Umsatz je Kund*in pro Einkauf (Kund*innenfranken)**
- **Umsatz pro Kassenstation pro Tag**
- **Umsatz pro Abteilung pro Monat**
- **Anzahl Kund*innen pro Kassenstation pro Stunde**
- **Anzahl Kund*innen pro Angestellte pro Jahr**
- **Anzahl verkaufte Stück pro Angestellte im Monat**
- **Anzahl Kund*innen pro Filiale pro Jahr**

## Bilanzkennzahlen

Eine weitere Kategorie von Kennzahlen zur Beurteilung eines wirtschaftlichen Betriebs bilden die Bilanzkennzahlen (siehe Werkzeug Bilanz und Erfolgsrechnung).

## Lagerkennzahlen

Ausserdem gilt es, die Lagerkennzahlen (Lagerleistungen) der einzelnen Detailhandelsbetriebe zu analysieren. Diese Statistiken sind wichtig für die Analyse, Zielsetzung, Planung, Entscheidung, Realisation und Kontrolle der Warenbewirtschaftung.

**WICHTIGE LAGERBESTANDSGRÖSSEN**

| Bezeichnung | Beschreibung | Berechnungsformel |
|---|---|---|
| Höchstbestand (Lagergrösse) | Zeigt an, wie viele Waren in Stück oder Franken im Lager höchstens Platz haben. | Der Bestand wird von der Betriebsführung festgelegt. |
| Mindestbestand (eiserne Reserve) | Zeigt an, wie viele Waren in Stück oder Franken mindestens immer an Lager sein müssen, um allfällige Lieferverzögerungen zu überbrücken. | Der Bestand wird von der Betriebsführung festgelegt. |
| Meldebestand | Zeigt an, bei wie vielen Stück nachbestellt werden muss. | Meldebestand = Mindestbestand + verkaufte Menge während der Lieferfrist |
| Durchschnittlicher Lagerbestand | Zeigt an, wie viele Waren in Stück oder Franken im Durchschnitt während eines Jahres gelagert sind. | Durchschnittlicher Lagerbestand = Summe Bestände : Anzahl Bestände |
| Lagerumschlags-häufigkeit | Zeigt an, wie oft der durchschnittliche Lagerbestand im Jahr erneuert wird. | Lagerumschlag = Absatz : durchschnittlicher Bestand in Stückzahlen oder Lagerumschlag = Umsatz : durchschnittlicher Bestand in Geldwert |
| Durchschnittliche Lagerdauer | Zeigt an, wie lange die Ware im Durchschnitt gelagert wird. | Durchschnittliche Lagerdauer = 360 : Lagerumschlagshäufigkeit |

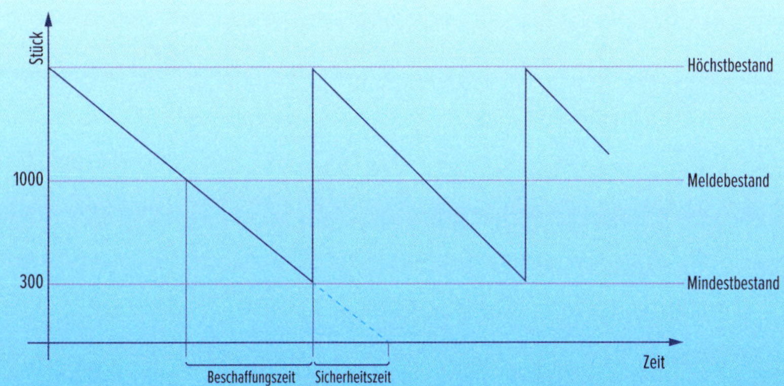

**16.1 Ergänzen Sie die Lücken.**

**Minimalprinzip:** Ein vorgegebenes ............................ soll mit möglichst ............................ Mitteln erreicht werden.

**Maximalprinzip:** Mit vorgegebenen ............................ soll der ............................ Erfolg erreicht werden.

**Optimalprinzip:** Es soll der ............................ gefunden werden, wo der Unterschied zwischen ............................ und möglichst gross ausfällt.

**16.2 Geben Sie an, ob im Folgenden jeweils das Maximal-, das Minimal- oder das Optimalprinzip angewandt wurde.**

| Beschreibung | Prinzip |
| --- | --- |
| Boran hat CHF 1200.– gespart und will nun möglichst lang Ferien machen. | |
| Amando bestimmt den Verkaufspreis für den Anzug so, dass der Gewinn möglichst gross ausfällt. | |
| Marta will nach Kroatien in die Ferien und sucht im Internet nach dem günstigsten Angebot. | |
| Christa will mit einer Stunde Prüfungsvorbereitung die bestmögliche Note erreichen. | |

**16.3 Petra möchte am Wochenende mit dem Auto in den Süden fahren. Erläutern Sie anhand der Kriterien «Kilometerleistung» und «Benzinverbrauch» das Maximal- und das Minimalprinzip.**

**16.4 Beim Kauf von exklusiver Ware gehen Kund*innen oft nicht nach dem ökonomischen Prinzip vor. Nennen Sie mögliche Gründe, welche die Kundschaft vom sparsamen und planvollen Kurs abbringen.**

**16.5 Verbinden Sie die unten stehenden Begriffe mit der jeweils richtigen Erklärung.**

| | |
|---|---|
| Effektivität | Anzahl verkaufter Artikel |
| Umsatz | Misst die Effizienz anhand der Arbeitsleistung |
| Wirtschaftlichkeit | «Die richtigen Dinge tun» |
| Absatz | Entspricht dem Wert der verkauften Ware |
| Effizienz | «Die Dinge richtig tun» |
| Produktivität | Misst die Effizienz anhand des Geldwerts |

**16.6 *Fallbeispiel: Papeterie***

**Eine Papeterie least (mietet) einen Fotokopierer für Fr. 142.30 pro Monat (inkl. Vollservice, Toner und Papier). Im vergangenen Jahr hat sie 5 879 Kopien zu Fr. –.30 verkauft.**

a) Berechnen Sie die Wirtschaftlichkeit des Geräts (gesamte Rechnung notieren).

b) Wie beurteilen Sie die Wirtschaftlichkeit?

## 16.7

a) Bei einem Produkt verändern sich die Preise. Berechnen Sie je die Wirtschaftlichkeit.

| Zeit | Produkt | | Wirtschaftlichkeit |
|---|---|---|---|
| vorher | Verkaufspreis<br>Einkaufspreis | Fr. 41.50<br>Fr. 27.50 | |
| jetzt | Verkaufspreis<br>Einkaufspreis | Fr. 39.50<br>Fr. 27.00 | |

b) Wann ist die Wirtschaftlichkeit des Produkts besser?

c) Heisst das nun, dass das Produkt nicht mehr angeboten werden sollte (zwei Ideen)?

**16.8 Hier wird die Arbeitsleistung von drei Angestellten aus derselben Verkaufsabteilung verglichen. Lösen Sie die Aufgaben und vergleichen Sie die Resultate mit jemandem aus Ihrer Klasse.**

| | Person X | Person Y | Person Z |
|---|---|---|---|
| Jahresbruttolohn<br>Jahresumsatz | 42 000.–<br>429 200.– | 37 000.–<br>425 500.– | 45 000.–<br>360 000.– |
| Wirtschaftlichkeit W | | | |

a) Berechnen Sie in der Tabelle die Wirtschaftlichkeit der drei Angestellten.

b) Wer macht am meisten Jahresumsatz?

c) Wer ist am wirtschaftlichsten? Begründen Sie Ihre Antwort.

d) Bei wem ist die Wirtschaftlichkeit am kleinsten? Begründen Sie Ihre Antwort.

e) Welche Person hätte nach diesen Zahlen am ehesten eine Lohnerhöhung verdient? Begründen Sie Ihre Antwort.

f) Wie beurteilen Sie Lohnerhöhungen aufgrund von Umsatz und Wirtschaftlichkeit?

**16.9 Drei Unternehmen mit ihrer Erfolgsrechnung stehen im Vergleich. Analysieren Sie die Positionen in der Erfolgsrechnung und lösen Sie die unten stehenden Aufgaben.**

| ER 1 | |
|---|---|
| Aufwand | Ertrag |
| 15 380 113.– | 17 535 191.– |
| ........................ | ........................ |

| ER 2 | |
|---|---|
| Aufwand | Ertrag |
| 322 535.– | 665 321.– |
| ........................ | ........................ |

| ER 3 | |
|---|---|
| Aufwand | Ertrag |
| 1 105 783.– | 1 108 412.– |
| ........................ | ........................ |

**Sämtliche Aufwände und Erträge sind schon ausgerechnet und oben eingesetzt. Ermitteln Sie nun den Erfolg. Setzen Sie ihn als Saldo an die richtige Stelle und schliessen Sie die drei Erfolgsrechnungen ab.**

**Berechnen Sie zudem die Wirtschaftlichkeit der einzelnen Betriebe (auf zwei Kommastellen gerundet):**

| W 1 | W 2 | W 3 |
|---|---|---|
| | | |

**Feststellung/Beurteilung in der Übersicht:**

### 16.10 *Fallbeispiel: «Boarderworld»*

**Im «Boarderworld» beraten total sechs DHF passionierte Snowboardfahrer*innen beim Kauf von exklusiven Produkten. Auf insgesamt 180 m² Ladenfläche werden folgende Umsätze erzielt:**

| In Fr. | Livia Rutz | Carmen Curto | Eliza Burri | Frank Karlen | Pierre Gland | Phil Lacoste | Total |
|---|---|---|---|---|---|---|---|
| Januar | 42 424.– | 37 647.– | 39 290.– | 29 356.– | 41 098.– | 36 224.– | |
| Februar | 38 255.– | 32 658.– | 39 590.– | 32 098.– | 32 866.– | 38 145.– | |
| März | 29 988.– | 33 400.– | 24 678.– | 30 422.– | 23 566.– | 35 455.– | |
| April | 25 089.– | 36 241.– | 29 533.– | 21 890.– | 29 877.– | 32 612.– | |
| Mai | 31 098.– | 22 468.– | 34 733.– | 28 577.– | 48 437.– | 6 488.– | |
| Juni | 15 893.– | 32 876.– | 7 812.– | 32 833.– | 37 433.– | 45 334.– | |
| Juli | 21 544.– | 35 589.– | 38 532.– | 9 377.– | 0.– | 36 033.– | |
| August | 25 553.– | 15 332.– | 29 344.– | 19 443.– | 36 533.– | 8 433.– | |
| September | 8 655.– | 0.– | 45 344.– | 32 525.– | 39 523.– | 29 453.– | |
| Oktober | 35 432.– | 48 322.– | 42 546.– | 33 630.– | 28 955.– | 37 943.– | |
| November | 29 098.– | 39 443.– | 36 543.– | 40 453.– | 44 343.– | 22 421.– | |
| Dezember | 52 561.– | 48 543.– | 39 540.– | 56 593.– | 39 088.– | 45 922.– | |
| **Total** | | | | | | | |

**a)** Berechnen Sie den Durchschnittsumsatz pro Monat für das «Boarderworld» total und je DHF.

**b)** Berechnen Sie den durchschnittlichen Geschäftsumsatz pro Monat pro $m^2$ Ladenfläche.

**c)** Wie kann ein Umsatz von 0 Franken entstehen?

**d)** Was geschieht mit der Effizienz des «Boarderworld», wenn man eine DHF entlassen würde?

**e)** Welchen Einfluss hätte die Entlassung einer DHF auf die anderen Mitarbeitenden?

**f)** Mit welchen anderen Mitteln kann die Effizienz des «Boarderworld» gesteigert werden, ohne dass man die Mitarbeitenden demotiviert?

### 16.11 *Fallbeispiel: Produktivität in einer Uniformenfabrik*

**a)** In einer kleinen Uniformenfabrik werden mit fünf Näherinnen in der Woche (fünf Arbeitstage) 10 Uniformen hergestellt. Berechnen Sie die Produktivität.

**b)** Nun wird eine Angestellte pensioniert und nicht mehr ersetzt, aber es sollen weiterhin 10 Uniformen in der Woche hergestellt werden. Berechnen Sie die neue Produktivität.

**c)** Die Betriebsinhaberin besucht einen ähnlichen Betrieb in Japan. Dort werden die Uniformen mit Hilfe von Robotern hergestellt, sodass es nur zwei Angestellte braucht. Es entstehen 50 Uniformen pro Woche. Berechnen Sie die Produktivität des japanischen Betriebs.

d) Die japanische Fabrik hat mehr rationalisiert als die Schweizer Fabrik. Was bedeutet das?

### 16.12 *Fallbeispiel: Tante-Emma-Laden*

Der Buchhalter eines Tante-Emma-Ladens verrät uns einige Zahlen:
Lagerwert am ersten Tag des Geschäftsjahres: Fr. 65 000.–
Lagerwert am letzten Tag des Geschäftsjahres: Fr. 78 000.–
Jahresumsatz: Fr. 786 495.–
Anzahl Verkäufe im ganzen Jahr: 14 598
Anzahl geöffnete Tage: 330 Tage
Personalbestand: Tante Emma und zwei zusätzliche DHF

**Berechnen Sie die folgenden Kennzahlen. Vergleichen und kommentieren Sie Ihre Ergebnisse anschliessend mit jemandem aus Ihrer Klasse.**

a) Durchschnittlicher Lagerwert

b) Lagerumschlag (auf vier Dezimalen genau)

c) Durchschnittliche Lagerdauer (auf eine Dezimale genau)

d) Kund*innenfranken (durchschnittlicher Einkaufswert eines*einer Kund*in auf fünf Rappen genau)

e) Anzahl Verkäufe pro Angestellte

f) Anzahl Verkäufe pro Tag (auf ganze Verkäufe genau runden)

# 17 LANDESINDEX DER KONSUMENTENPREISE

Die Kaufkraft des Geldes bleibt über die Jahre nicht gleich. Der typische Verlauf ist, dass sich die Kaufkraft des Geldes verringert. Dies bedeutet, dass mit einem Schweizer Franken früher beispielsweise noch ein Brot gekauft werden konnte, was heute längst nicht mehr der Fall ist. Die Abnahme der Kaufkraft bedeutet also auch, dass die Preise gestiegen sind.

**BROTKILOPREIS IM LAUFE VON 100 JAHREN**

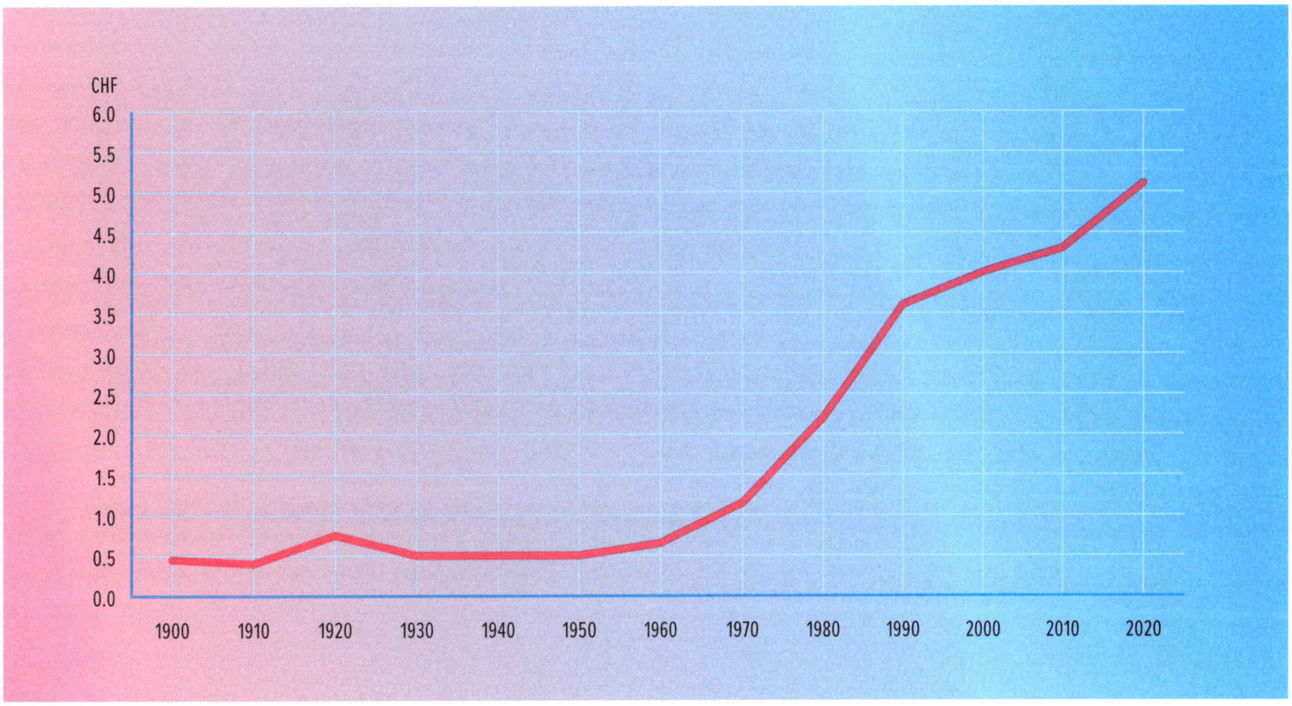


Quelle: www.schwyzer-bäcker.ch (2021)

Um sich ein genaues Bild über die Geldentwertung (Teuerung/Inflation/Kaufkraftschwund des Geldes) machen zu können, beobachtet die Bundesverwaltung regelmässig die Preisänderungen. Dabei beschränkt sich die Preisbeobachtung nicht allein auf den Brotpreis, sondern richtet sich auf rund 70000 Preise, die monatlich durch das Bundesamt für Statistik (BFS) erhoben werden.

## Der Warenkorb

Der Warenkorb entspricht dem Einkaufskorb einer schweizerischen Durchschnittsfamilie. Sein Inhalt dient zur Beobachtung und Messung der Konsumentenpreise. Die 12 verschiedenen Warengruppen belasten ein Haushaltsbudget nicht alle gleich stark. Darum werden z. B. die Nahrungsmittelpreise mit 12,6 % mehr als doppelt so stark gezählt wie die Preise für Bekleidung, die bloss mit 2,7 % ins Gewicht fallen.

## GROBSTRUKTUR UND GEWICHTUNG DES LIK-WARENKORBS 2022

Quelle: BFS

Der Durchschnittswert des Warenkorbs wird monatlich gemessen und zum Vergleich in ein Punktesystem umgewandelt. Das Punktesystem heisst Landesindex der Konsumentenpreise (LIK) und geht von 100 Punkten aus. Es ist ein praktischer Wertmassstab zur Veranschaulichung der Entwicklung der Preise. Seit 2020 gilt der neue Index, d.h., der Index wurde im Dezember 2020 letztmals neu mit dem Basiswert 100 gestartet. (Der damalige Warenkorbwert in Franken wurde mit 100 Indexpunkten gleichgesetzt.)

**LIK (DEZEMBER 2020 = 100 PUNKTE)**

| Jahr | Jan. | Febr. | März | April | Mai | Juni | Juli | Aug. | Sept. | Okt. | Nov. | Dez. |
|---|---|---|---|---|---|---|---|---|---|---|---|---|
| 2011 | 101,5 | 101,9 | 102,7 | 102,8 | 102,8 | 102,4 | 101,6 | 101,3 | 101,6 | 101,5 | 101,3 | 101,2 |
| 2012 | 100,8 | 101,0 | 101,6 | 101,7 | 101,7 | 101,4 | 100,9 | 100,9 | 101,2 | 101,3 | 101,0 | 100,8 |
| 2013 | 100,5 | 100,8 | 101,0 | 101,0 | 101,1 | 101,2 | 100,9 | 100,8 | 101,1 | 101,0 | 101,0 | 100,8 |
| 2014 | 100,5 | 100,6 | 101,0 | 101,1 | 101,4 | 101,3 | 100,9 | 100,9 | 101,0 | 101,0 | 101,0 | 100,5 |
| 2015 | 100,1 | 99,8 | 100,1 | 100,0 | 100,2 | 100,3 | 99,7 | 99,5 | 99,6 | 99,7 | 99,6 | 99,2 |
| 2016 | 98,8 | 99,0 | 99,3 | 99,6 | 99,8 | 99,9 | 99,5 | 99,4 | 99,4 | 99,5 | 99,3 | 99,2 |
| 2017 | 99,2 | 99,6 | 99,8 | 100,0 | 100,2 | 100,1 | 99,8 | 99,8 | 100,1 | 100,1 | 100,0 | 100,0 |
| 2018 | 99,9 | 100,2 | 100,6 | 100,8 | 101,2 | 101,2 | 101,0 | 101,0 | 101,0 | 101,2 | 100,9 | 100,7 |
| 2019 | 100,4 | 100,8 | 101,3 | 101,5 | 101,8 | 101,8 | 101,3 | 101,3 | 101,2 | 100,9 | 100,8 | 100,8 |
| 2020 | 100,6 | 100,8 | 100,8 | 100,5 | 100,5 | 100,5 | 100,4 | 100,4 | 100,4 | 100,4 | 100,1 | 100,0 |
| 2021 | 100,1 | 100,2 | 100,6 | 100,8 | 101,0 | 101,1 | 101,0 | 101,3 | 101,3 | 101,6 | 101,6 | 101,5 |

Quelle: BFS

Ausser dem LIK gibt es noch andere Punktesysteme zur Messung von Änderungen in der Preisentwicklung:

| DIE VERSCHIEDENEN KENNZIFFERN (INDEXE) DER PREISÄNDERUNG |
|---|

- **Landesindex der Konsumentenpreise (LIK)**

  Er zeigt die Preisentwicklung der Güter an, die hauptsächlich in den Haushalten gebraucht werden.
- **Produzentenpreisindex**

  Der Produzentenpreisindex misst die Preisentwicklung der in der Schweiz hergestellten Landwirtschafts- und Industrieprodukte beim Verlassen des Werks.
- **Grosshandelspreisindex**

  Er zeigt die Preisentwicklung wichtiger Rohstoffe, Halb- und Fertigfabrikate an.
- **Lohnindex**

  Er zeichnet die Entwicklung des Bruttolohns der Arbeitnehmenden in der Schweiz auf.
- **Mietpreisindex**

  Der Schweizerische Mietpreisindex misst die Mietpreisentwicklung vierteljährlich, jeweils anfangs Februar, Mai, August und November. Das Bundesamt für Statistik bestimmt nach dem Zufallsprinzip aus dem Telefonregister der Swisscom eine Stichprobe von 10 000 Wohnungen. Um den Wandel auf dem Wohnungsmarkt zu berücksichtigen, wird jedes Vierteljahr ein Achtel der Stichprobe erneuert.

*Noch ein Beispiel: Wenn Sie durch die Tagesschau darüber informiert werden, dass der Swiss Market Index (SMI) um 12 Punkte gestiegen sei, wissen Sie, dass sich der Wert der grössten an der Börse gehandelten Aktiengesellschaften vergrössert hat. Der SMI, der wichtigste Börsenindex der Schweiz, misst die Veränderung des Wertes der 20 grössten an der Börse gehandelten Schweizer Unternehmungen. Im Juli 1988 beispielsweise betrug der SMI 1 500 Punkte. Steht der SMI aktuell nun bei 9 000 Punkten, bedeutet dies, dass sich der Wert der Unternehmen seit 1988 versechsfacht hat. Hat jemand 1988 Fr. 1 000.– in SMI-Titeln angelegt, ist dieser Einsatz nun Fr. 6 000.– wert.*

## Teuerungsrate

Wird der Konsumentenpreisindex eines Jahres mit jenem des Vorjahres verglichen, ergibt sich die Teuerungsrate (Inflationsrate). Diese wird in Prozent zum Vorjahr angegeben.

**BEISPIEL: TEUERUNG IM JAHR 2021 (INDEXSTAND VORJAHR = 100 %)**

| Jahr | Index | Prozent |
|---|---|---|
| 2020 | 101,3 Punkte | 100,00 % |
| 2021 | 101,9 Punkte | 100,59 % |
| Teuerung | +0,6 Punkte | +0,59 % |

Die Teuerungsrate für das Jahr 2021 betrug also plus 0,6 Indexpunkte oder plus 0,59 Prozent.

Der LIK und mit ihm die Teuerungsrate sind volkswirtschaftlich wichtige Kennzahlen und dementsprechend von grosser Bedeutung.

**LIK ALS GRUNDLAGE FÜR:**

- **wirtschaftspolitische Massnahmen**
- **Lohnverhandlungen (Teuerungsausgleich) zwischen Arbeitnehmerinnen und Arbeitnehmern sowie Arbeitgebern und Arbeitgeberinnen**
- **Anpassung der Renten (AHV)**
- **Mietzins- und Hypothekarzinserhöhungen**

## Nominallohn – Reallohn

Vor allem für die Arbeitnehmendenlöhne ist der Konsumentenpreisindex wichtig. Der Lohn, der den Arbeitnehmer*innen auf ihr Konto ausgezahlt wird, ist der sogenannte Nominallohn. Wenn in einem bestimmten Zeitraum die Preise durchschnittlich um 1 Prozent gestiegen sind, dann kann man mit dem gleichen Lohn (dem gleichen Nominallohn) nicht mehr gleich viele Güter kaufen. In Wirklichkeit ist der Lohn (Reallohn) also zurückgegangen. Um die gleiche Menge Güter kaufen zu können, müssten die Löhne auch um 1 Prozent steigen. Um diesen Vorgang zu beschreiben, ist es daher wichtig, zwischen Nominallohn und Reallohn zu unterscheiden.

**Nominallohn** ausbezahlter Lohn – **Teuerung** Entwicklung der Konsumentenpreise = **Reallohn** um die Teuerung korrigierter Lohn

Die folgende Grafik zeigt die Entwicklung dieser drei Grössen seit 1992.

**ENTWICKLUNG DER NOMINALLÖHNE, PREISE UND REALLÖHNE 1992–2020**

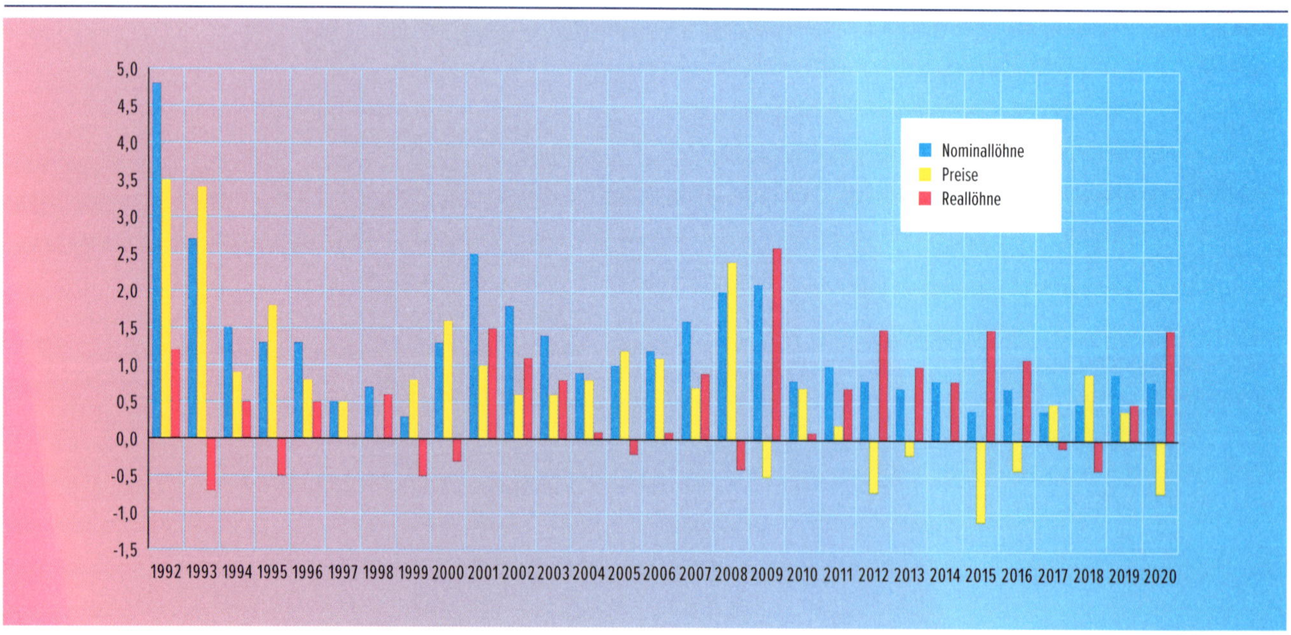


Quelle: BFS

### 17.1 *Fallbeispiel: Teuerungsrate*

**Ein Angestellter mit Familie verdient Fr. 5 000.– monatlich.**

a) Berechnen Sie die fehlenden Grössen in der Tabelle.

| | LIK in Punkten | Prozent | Lohn | Teuerungsausgleich |
|---|---|---|---|---|
| aktuelles Jahr | 100.6 | 100 | 5 000.– | 0.– |
| ein Jahr später | 102.6 | | | |

b) Wie viel Teuerungsausgleich hätte man ihm ein Jahr später zugestehen sollen? Begründen Sie Ihre Antwort.

.............................................................................................................................

.............................................................................................................................

.............................................................................................................................

.............................................................................................................................

.............................................................................................................................

### 17.2 *Fallbeispiel: Landesindex für Konsumentenpreise (LIK)*

**Der Landesindex der Konsumentenpreise ist die wichtigste Kennziffer mit der in der Schweiz regelmässig die Geldentwertung (Teuerung, Inflation) gemessen wird.**

**Betrachten Sie die Entwicklung des LIK in folgender Tabelle und beantworten Sie die folgenden Fragen.**

| Jahr | Jan. | Febr. | März | April | Mai | Juni | Juli | Aug. | Sept. | Okt. | Nov. | Dez. |
|---|---|---|---|---|---|---|---|---|---|---|---|---|
| 2011 | 101,5 | 101,9 | 102,7 | 102,8 | 102,8 | 102,4 | 101,6 | 101,3 | 101,6 | 101,5 | 101,3 | 101,2 |
| 2012 | 100,8 | 101,0 | 101,6 | 101,7 | 101,7 | 101,4 | 100,9 | 100,9 | 101,2 | 101,3 | 101,0 | 100,8 |
| 2013 | 100,5 | 100,8 | 101,0 | 101,0 | 101,1 | 101,2 | 100,9 | 100,8 | 101,1 | 101,0 | 101,0 | 100,8 |
| 2014 | 100,5 | 100,6 | 101,0 | 101,1 | 101,4 | 101,3 | 100,9 | 100,9 | 101,0 | 101,0 | 101,0 | 100,5 |
| 2015 | 100,1 | 99,8 | 100,1 | 100,0 | 100,2 | 100,3 | 99,7 | 99,5 | 99,6 | 99,7 | 99,6 | 99,2 |
| 2016 | 98,8 | 99,0 | 99,3 | 99,6 | 99,8 | 99,9 | 99,5 | 99,4 | 99,4 | 99,5 | 99,3 | 99,2 |
| 2017 | 99,2 | 99,6 | 99,8 | 100,0 | 100,2 | 100,1 | 99,8 | 99,8 | 100,1 | 100,1 | 100,0 | 100,0 |
| 2018 | 99,9 | 100,2 | 100,6 | 100,8 | 101,2 | 101,2 | 101,0 | 101,0 | 101,0 | 101,2 | 100,9 | 100,7 |
| 2019 | 100,4 | 100,8 | 101,3 | 101,5 | 101,8 | 101,8 | 101,3 | 101,3 | 101,2 | 100,9 | 100,8 | 100,8 |
| 2020 | 100,6 | 100,8 | 100,8 | 100,5 | 100,5 | 100,5 | 100,4 | 100,4 | 100,4 | 100,4 | 100,1 | 100,0 |
| 2021 | 100,1 | 100,2 | 100,6 | 100,8 | 101,0 | 101,1 | 101,0 | 101,3 | 101,3 | 101,6 | 101,6 | 101,5 |

a) Beschreiben Sie die Preisentwicklung des Jahres 2011.

b) Versuchen Sie die Phase des Preisrückgangs zu deuten.

c) Wir betrachten die Jahresteuerung im Jahr 2015 (Dez. 2014 – Dez. 2015). Wie viel betrug die Teuerung in Punkten und in Prozent?

d) Ein Freund hat Ihnen im November 2015 Fr. 250.– geliehen. Sieben Jahre später, im November 2020, begleichen Sie Ihre Schuld wieder. Wie viele Franken müssen Sie Ihrem Freund zurückzahlen, wenn Sie mit ihm vereinbart haben, dass er wieder über die gleiche Kaufkraft verfügen soll wie im November 2015?

## 17.3 *Fallbeispiel: Nominallohn – Reallohn*

**Franziska ist eine Detailhandelsfachfrau, die seit vier Jahren in einer Kleiderboutique arbeitet. Ende Jahr bietet ihr der Chef an, ihr Gehalt im neuen Jahr von momentan Fr. 4000.– auf Fr. 4150.– pro Monat zu erhöhen. Kürzlich hat Franziska in der Zeitung gelesen, dass die Teuerung im zu Ende gehenden Jahr 5 % betragen hat. Kann Franziska mit der Lohnerhöhung zufrieden sein?**

### 17.4 *Fallbeispiel: Reale Umsatzeinbusse*

**Das Finanzbüro eines Betriebs macht eine nachträgliche Preisberechnung zu einem Spitzenprodukt, das seit Januar 2017 im Sortiment ist. Aufgrund der Marktverhältnisse hatte man die Preise bei diesem Produkt bis Januar 2021 nicht angepasst.**

a) Füllen Sie die Lücken der Tabelle. Runden Sie die Resultate auf zwei Stellen nach dem Komma.

| Jahr | LIK | Angeschriebener (nominaler) Preis | Berechneter Preis | Reale Umsatzveränderung je Stück |
|---|---|---|---|---|
| **Jan. 2017** | 99.2 | 12.– | 12.– | |
| **Jan. 2018** | 99.9 | 12.– | | |
| **Jan. 2019** | 100.4 | 12.– | | |
| **Jan. 2020** | 100.6 | 12.– | | |
| **Jan. 2021** | 100.1 | 12.– | | |

b) Vom besagten Produkt wurden im Januar 2021 genau 2014 Stück verkauft. Wie gross ist die reale Umsatzeinbusse wegen der Teuerung allein im Januar 2021?

### 17.5 Im Jahr 1914 wurde der erste LIK eingeführt und später von Zeit zu Zeit immer wieder auf 100 Punkte zurückgestuft, damit die Punktzahl nicht zu gross wird. Interessant ist allerdings der Preisvergleich der heutigen Preise mit denen von 1914 (ausgedrückt mit dem LIK von 1914).

**Berechnen Sie in der Tabelle, wie teuer ein Liter Milch im Jahr 1914 war.**

| Jahr | LIK | Preis von 1 Liter Milch |
|---|---|---|
| Juni 14 | 100 | |
| Januar 2021 | 1040.2 | Fr. 1.50 |

# 18 WECHSELKURS-SYSTEM / WÄHRUNGS-RECHNEN

Die Preise, zu denen die Währungen getauscht werden, werden als Wechselkurse bezeichnet. Der Handel mit fremden Geld geschieht auf dem sogenannten **Devisenmarkt**.

Wenn Sie für Ihre Ferien in Spanien Schweizer Franken in Euro-Noten tauschen wollen, müssen Sie zur Umrechnung den **Notenkurs** verwenden. Wenn Sie dagegen den Wert eines Euro-Bankguthabens in Schweizer Franken berechnen wollen, benötigen Sie dazu den Devisenkurs. Der **Devisenkurs** ist für den Bankkunden günstiger, da die Bank mit Devisen (Buchgeld) kaum Umtriebe und Diebstahlrisiken hat.

### Fixer Wechselkurs

Beim fixen Wechselkurs setzt der Staat Wechselkurse fest. Diese können sich nur innerhalb einer festgesetzten engen Bandbreite bewegen. Beim Verlassen der Bandbreite wird durch die Notenbank mit Stützungskäufen oder -verkäufen auf dem Devisenmarkt interveniert (eingegriffen): Wenn der Frankenkurs zu stark sinkt, dann kauft die Notenbank am Devisenmarkt Franken; steigt hingegen der Frankenkurs zu stark, dann verkauft sie Franken. Die Bandbreite ist ziemlich schmal definiert, beispielsweise erlaubt sie nur Wechselkursschwankungen von zwei Prozent. Einige Länder haben ihre Währung beispielsweise an den US-Dollar gebunden.

### Freier Wechselkurs

Freie oder flexible Wechselkurse bilden sich ausschliesslich aufgrund von Angebot und Nachfrage auf dem freien Devisenmarkt. Sie können sich je nach Angebot und Nachfrage täglich verändern, das heisst frei schwanken. Der Devisenmarkt funktioniert im Prinzip gleich wie andere Märkte. Die Schweiz kennt grundsätzlich das System der freien Wechselkurse. Die Festlegung des Mindestkurses von 1.20 Franken pro Euro durch die Schweizerische Nationalbank zwischen 2011 und 2015 war ein teilweise fixer Wechselkurs.

Im Wechselkurs kommt der Aussenwert des Schweizer Frankens für ausländische Noten und Devisen zum Ausdruck. Der Kurs ist der Preis, den wir in der Schweiz für 1 oder 100 ausländische Geldeinheiten zu zahlen haben.

#### Abwertung

Von einer **Abwertung** spricht man, wenn der Aussenwert des Schweizer Frankens gegenüber einer anderen Währung sinkt (schwacher Franken beziehungsweise starker Dollar).

*Beispiel: Der Dollarkurs steigt von USD 1.– = Fr. 0.90 auf USD 1.– = Fr. 1.20. Für einen Dollar müssen jetzt 30 Rappen mehr bezahlt werden. Der Schweizer Franken hat gegenüber dem Dollar nun also weniger Wert, er hat sich abgewertet.*

Durch eine Abwertung werden **Exportgüter für das Ausland billiger**. Unternehmen, die im Export tätig sind (z.B. Maschinen- und Uhrenindustrie, Chemie) können die Verkäufe und/oder die Produktion erhöhen. Wegen der Bedeutung der Exportwirtschaft für die Schweiz hat dies eine positive Signalwirkung auf die schweizerische Wirtschaft (z.B. für den Arbeitsmarkt). Gleichzeitig werden die Importgüter in der Schweiz aber teurer.

#### Aufwertung

Eine **Aufwertung** findet statt, wenn der Aussenwert des Schweizer Frankens gegenüber einer anderen Währung steigt (starker Franken beziehungsweise schwacher Dollar).

*Beispiel: Der Dollarkurs sinkt von USD 1.– = Fr. 1.05 auf USD 1.– = Fr. 0.85. Für einen Dollar müssen jetzt 20 Rappen weniger bezahlt werden. Der Schweizer Franken hat nun gegenüber dem Dollar mehr Wert, er hat sich also aufgewertet.*

Durch eine Aufwertung werden **Importgüter für die Schweiz billiger**. Bei einem anhaltend starken Frankenkurs werden diese tieferen Einkaufspreise (z. B. Baumwollstoffe aus Nordamerika) an die Konsumenten weitergegeben, sodass sie für die Produkte eher weniger bezahlen müssen. Gleichzeitig werden die Exportgüter für das Ausland teurer, was eine negative Signalwirkung auf die schweizerische Wirtschaft hat.

Zusammenfassend können wir die wichtigsten Mechanismen der Bildung des Wechselkurses in Form von Folgeketten festhalten:

## DIE DREI WICHTIGSTEN EINFLÜSSE AUF DIE KURSBILDUNG DES SCHWEIZER FRANKENS

**Internationaler Waren- und Dienstleistungsverkehr**

Warenimporte:
Schweizer importieren Produkte.

Schweizer brauchen Dollar.
CHF → USD

Erhöhte Dollarnachfrage:
USD-Kurs ↗ CHF-Kurs ↘

Im Fall eines Waren- oder Dienstleistungsexports sind alle Verhältnisse in der Folgekette umgekehrt.

**Internationaler Kapitalverkehr**

Kapitaleinfuhr:
Amerikaner sparen in der Schweiz.

Amerikaner benötigen Franken.
USD → CHF

Erhöhte Frankennachfrage:
CHF-Kurs ↗ USD-Kurs ↘

Im Fall einer Kapitalausfuhr sind alle Verhältnisse in der Folgekette umgekehrt.

**Eingriff der Nationalbank**

Die Nationalbank kauft Dollar mit Franken aus dem Tresor.

Nationalbank fragt Dollar nach.
CHF → USD

Erhöhte Dollarnachfrage:
USD-Kurs ↗ CHF-Kurs ↘

Im Fall eines Dollarverkaufs der Nationalbank sind alle Verhältnisse in der Folgekette umgekehrt.

Viele Menschen wollen ausländisches Geld kaufen oder verkaufen, deshalb entsteht ein Handel mit Währungen. Diese werden auf speziellen Märkten, den Devisenmärkten, gehandelt. Ausländische Währungen stehen in einem bestimmten Austauschverhältnis zum Schweizer Franken, dem Wechselkurs. Dabei werden entweder die dreistelligen, alphabetischen ISO-Währungscodes* (z. B. CHF, EUR, GBP, USD) oder die nationalen Währungscodes (SFr., €, £, $) verwendet.

**NOTENKURSE CHF (STAND 17.06.2022)**

| | | | Wechselkurse CHF | |
|---|---|---|---|---|
| **Land** | **Währungscode** | **Einheit** | **Ankauf** | **Verkauf** |
| **Euro-Zone** | EUR | 1 | 1.00 | 1.05 |
| **USA** | USD | 1 | 0.95 | 0.99 |
| **Grossbritannien** | GBP | 1 | 1.19 | 1.27 |
| **Kanada** | CAD | 1 | 0.74 | 0.79 |
| **Japan** | JPY | 100 | 0.71 | 0.77 |
| **Norwegen** | NOK | 100 | 9.61 | 9.85 |
| **Schweden** | SEK | 100 | 9.44 | 9.68 |
| **Neuseeland** | NZD | 1 | 0.60 | 0.62 |
| **Australien** | AUD | 1 | 0.67 | 0.72 |
| **Südafrika** | ZAR | 100 | 5.93 | 6.21 |

Quelle: BFS

Der Wechselkurs ist der Preis in einheimischer Währung, der für 100 Einheiten (oder 1 Einheit bei USD, GBP, EUR u. a.) des ausländischen Zahlungsmittels zu entrichten ist. Ankauf und Verkauf sind immer aus der Sicht der Bank zu verstehen, die Vermittlerin des Geschäfts ist. Die Banken geben täglich Kurse bekannt, zu denen sie ausländische Banknoten und Devisen kaufen (Ankauf) und verkaufen (Verkauf).

**Merke:**

- Die Banken geben täglich die Kurse bekannt, zu denen sie Banknoten (→ Notenkurs) und Devisen (→ Devisenkurs), also u. a. Checks, Banküberweisungen, Bancomat-Bezüge, Kreditkartenzahlungen, kaufen und verkaufen.
- Die Kurse in der Kurstabelle sind in Schweizer Franken angegeben (Preis in der einheimischen Währung).
- Die Bezeichnungen «Ankauf» und «Verkauf» sind immer aus Sicht der Bank zu verstehen:
  – Kauft die Bank fremde Währung → Ankaufskurs
  – Verkauft die Bank fremde Währung → Verkaufskurs
- Der Wechselkurs ist der Preis für eine oder hundert Einheiten der fremden Währung.

## Kauf oder Verkauf eines ausländischen Geldbetrags

*Beispiel 1:*

*Sie kaufen bei einer Schweizer Bank NOK (Norwegische Kronen) 12 500.– . Da die Bank die fremde Währung verkauft, wird der Verkaufskurs verwendet. Die Bank verlangt also für NOK 100.– CHF 12.50.*

*Wie viele CHF müssen Sie für NOK 12 500.– bezahlen? Stellen Sie folgenden Dreisatz auf:*

| | | | |
|---|---|---|---|
| *Gegeben:* | *NOK 100.–* | *= CHF* | *12.50* |
| *Gesucht:* | *NOK 12 500.–* | *= CHF* | *?* |

*Lösung:*

*Zweisatz:*

NOK 100.– ← (:) CHF 12.50
↓ ×
NOK 12 500.– → (=) CHF 1562.50

*Dreisatz:*

| | | | | |
|---|---|---|---|---|
| | NOK 100.– | — | CHF 12.50 | |
| : 100 ↓ | NOK 1.– | — | CHF 0.125 | ↓ : 100 |
| × 12 500 ↓ | NOK 12 500.– | — | CHF 1562.50 | ↓ × 12 500 |

*T-Balken:*

| NOK | CHF |
|---|---|
| 100 | 12.50 × 12 500 |
| 1 | ――――― = CHF 1562.50 |
| 12 500 | 100 |

## Kauf oder Verkauf eines einheimischen Geldbetrags

*Beispiel 2:*

*Die Schweizer Bank kauft von Ihnen EUR 2420.–. Die Bank kauft zum Ankaufskurs. Die Bank zahlt also CHF 1.10 pro EUR.*

| | | | |
|---|---|---|---|
| *Gegeben:* | *EUR 1.–* | = | *CHF 1.10* |
| *Gesucht:* | *EUR 2420.–* | = | *CHF ?* |

*Lösung:*

*Zweisatz:*

EUR 1.– ← (:) CHF 1.10
↓ ×
EUR 2420.– → (=) CHF 2662.–

*Oder direkt:*
*Multiplizieren Sie EUR 2420.– × 1.10. Die Bank zahlt Ihnen CHF 2662.–.*

## Berechnen des Kurses

Sie suchen den Umrechnungskurs für fremde Währungen.

*Beispiel 3:*

*Für SEK 3800.– erhielten Sie CHF 404.70. Wie hoch war der entsprechende Umrechnungskurs?*

*Sie suchen also nach dem CHF-Betrag für SEK 100.–.*

*Lösung:*

| | | | |
|---|---|---|---|
| *Gegeben:* | *SEK 3800.–* | = | *CHF 404.70* |
| *Gesucht:* | *SEK 100.–* | = | *CHF ?* |

*Zweisatz:*

SEK 3800.– ← (:) CHF 404.70
↓ ×
SEK 100.– → (=) CHF 10.65

*T-Balken:*

| SEK | CHF |
|---|---|
| 3800 | 404.70 × 100 |
| 1 | |
| 100 | 3800 |

= CHF 10.65 je SEK 100.–

**18.1 Bea Glaus fährt nach Berlin. Sie wechselt deshalb vorher bei ihrer Schweizer Bank Euro. Die Bank gib ihr folgende Kurse an: 1.05/1.10. Welche der folgenden Aussagen ist richtig? Kreuzen Sie an.**

- ☐ Sie zahlt CHF 1.00 für EUR 1.05
- ☐ Sie zahlt CHF 1.00 für EUR 1.10
- ☐ Sie zahlt CHF 1.05 für EUR 1.00
- ☐ Sie zahlt CHF 1.10 für EUR 1.00

**18.2 Nico Pletscher kommt aus New York zurück und wechselt auf seiner Schweizer Bank die restlichen US-Dollar in Schweizer Franken. Die Bank gib ihm folgende Kurse an: 0.975/1.025. Welche der folgenden Aussagen ist richtig? Kreuzen Sie an.**

- ☐ Er erhält CHF 1.00 für USD 0.975
- ☐ Er erhält CHF 1.00 für USD 1.025
- ☐ Er erhält CHF 0.975 für USD 1.00
- ☐ Er erhält CHF 1.025 für USD 1.00

**18.3 Olivia Jung kauft bei einer Schweizer Bank NOK (Norwegische Kronen) 12 500.– zum Kurs von 11.90. Wie viele CHF muss Olivia für NOK 12 500.– bezahlen? Lösen Sie die Aufgabe mit einem Dreisatz.**

**18.4 Eine Schweizer Bank kauft von Ihnen EUR 2 420.– zum Kurs 1.09. Wie viele CHF erhalten Sie? Lösen Sie die Aufgabe mit einem Dreisatz.**

**18.5 Sie wechseln in der Schweiz Schwedische Kronen in Schweizer Franken und erhalten für SEK 3800.– einen Betrag von CHF 430.70. Welches war der entsprechende Umrechnungskurs? Runden Sie das Ergebnis auf zwei Dezimalstellen. Lösen Sie die Aufgabe mit einem Dreisatz.**

**18.6 Claudia Wiedemann aus Waldshut (Deutschland) kauft in Zurzach für CHF 220.– Schokolade ein. Wie viele Euro muss sie bezahlen, wenn ihr ein Kurs von 1.11 (EUR 1.– = CHF 1.11) verrechnet wird?**

**18.7 Ingo Appelt aus Basel kauft in Waldshut für EUR 148.– Lebensmittel ein. Wie viel kostet dies in Franken, wenn die Bank in Basel für Euro folgende Kurse bietet: Ankauf 1.08, Verkauf 1.12?**

**18.8 Ursula Gutscher kauft per Internet von einem englischen Anbieter in London eine spezielle Duftkerze für GBP 22.80. Wie viele CHF werden ihrer Kreditkarte belastet, wenn die Bank folgende Kurse angibt?**

| | | |
|---|---|---|
| Noten: | GBP 1.– | CHF 1.21/1.33 |
| Devisen: | GBP 1.– | CHF 1.25/1.30 |

**18.9** **Petar Stojkovic verkauft per Internet Seidenkrawatten. Von einem Kunden aus Frankreich erhält er eine Bestellung, die er für CHF 57.50 umrechnet und der Kreditkarte des Kunden belastet. Für wie viele Euro hat der Kunde bestellt, wenn die Bank folgende Kurse angibt?**

| | | |
|---|---|---|
| Noten: | EUR 1.– | CHF 1.06 / 1.11 |
| Devisen | EUR 1.– | CHF 1.07 / 1.10 |

**18.10** **Sie finden im Internet: Preis eines Tablets in der Schweiz CHF 676.–, in den USA USD 540.–. Die Wechselkurse in der Schweiz für USD betragen: Kauf: 0.95, Verkauf: 1.04. Die Transportkosten für den Import aus den USA betragen samt Zoll und Mehrwertsteuer CHF 68.–. Welches ist der Preisunterschied in Franken?**

**18.11** **Edith Stoll macht eine Städtereise nach Stockholm und hat dafür schwedische Kronen gewechselt. Für CHF 825.– hat sie SEK 7 366.07 bekommen. Mit welchem Wechselkurs hat die Bank gerechnet (auf den Rappen genau)?**

**18.12 Catherine Paspalis, Detaillistin in Herzogenbuchsee, vergleicht Offerten für Winterjacken. Sie hat folgende Angebote:**

| | | |
|---|---|---|
| Aus Italien für | EUR | 234.– (Kurs 1.09) |
| Aus England für | GBP | 175.– (Kurs 1.31) |
| Aus den USA für | USD | 260.– (Kurs 0.99) |

**Für welches Angebot wird sie sich entscheiden?**

**18.13 Alex Marquard, Detaillist in Walchwil, vergleicht Offerten für Hotel-über-nachtungen. Er hat folgende Angebote:**

| | | |
|---|---|---|
| Aus Berlin, Deutschland, für | EUR | 135.– (Kurs 1.08) |
| Aus Leeds, England, für | GBP | 110.– (Kurs 1.31) |
| Aus Los Angeles, USA, für | USD | 150.– (Kurs 0.96) |

**Erstellen Sie eine Reihenfolge der Übernachtungspreise.**

# 19 ZINSRECHNEN

Die Entschädigung für das Ausleihen von Kapital nennt man Zins. Dem*Der Schuldner*in wird dafür Zins belastet, der dem*der Gläubiger*in gutgeschrieben wird.

Zwischen Gläubiger*in (Geldgeber*in) und Schuldner*in (Geldschuldner*in) vermittelt meistens eine Bank. Dabei nimmt die Bank von Sparern Geld an und vermittelt es an Unternehmen oder andere Kreditnehmer*innen weiter.

Das Zinsrechnen ist eine Anwendung des Prozentrechnens. Sie können mit einem oder zwei Dreisätzen gelöst werden. Dabei berechnet man in der Regel zuerst den Jahreszins.

| VERGLEICH | |
|---|---|
| **Prozentrechnen** | **Zinsrechnen** |
| Grundwert<br>Prozentsatz<br>Prozentwert | Kapital (K)<br>Zinssatz (p)<br>Jahreszins (Z) |

### Berechnen des Jahreszinses

*Beispiel 1: Zins gesucht*

*Ein Guthaben von Fr. 4000.– bleibt während eines Jahres unverändert auf dem Bankkonto liegen, der Zinssatz beträgt 3 %. Berechnen Sie den entsprechenden Zins.*

*Achtung: Zinsen werden auf Rappen genau berechnet.*

*Lösung:*

*Gegeben:* 100 % = Fr. 4000.–
*Gesucht:* 3 % = Fr. ?

*Dreisatz:*

| | | | | |
|---|---|---|---|---|
| | 100 % | — | Fr. 4000.– | |
| : 100 ↓ | 1 % | — | Fr. 40.– | ↓ : 100 |
| × 3 ↓ | 3 % | — | Fr. 120.– | ↓ × 3 |

*T-Balken:*

| % | Fr. |
|---|---|
| 100<br>1<br>3 | $\frac{4000 \times 3}{100}$ = Fr. 120.– |

*Beispiel 2: Zinssatz gesucht*

*Ein Kapital von Fr. 4 200.– ergibt einen Jahreszins von Fr. 105.–. Berechnen Sie den entsprechenden Zinssatz.*

*Lösung:*

| | | | |
|---|---|---|---|
| *Gegeben:* | *Fr. 4 200.–* | = | *100 %* |
| *Gesucht:* | *Fr. 105.–* | = | *? %* |

*Zweisatz:*

| | | | |
|---|---|---|---|
| | Fr. 4 200.– | ← : | 100 % |
| ↓ × | Fr. 105.– | → = | 2,5 % |

*T-Balken:*

| Fr. | % | |
|---|---|---|
| 4 200 | 100 × 105 | |
| 1 | ――――― | = 2,5 % |
| 105 | 4 200 | |

*Beispiel 3: Kapital gesucht*

*Ein Kapital bringt bei einem Zinsfuss von 1,75 % einen Jahreszins von Fr. 98.–. Berechnen Sie das entsprechende Kapital.*

*Lösung:*

| | | | |
|---|---|---|---|
| *Gegeben:* | *1,75 %* | = | *Fr. 98.–* |
| *Gesucht:* | *100 %* | = | *Fr. ?* |

*Dreisatz:*

| | | | | |
|---|---|---|---|---|
| | 1,75 % | —— | Fr. 98.– | |
| ↓ : 1,75 | 1 % | —— | Fr. 56.– | ↓ : 1,75 |
| ↓ × 100 | 100 % | —— | Fr. 5 600.– | ↓ × 100 |

*T-Balken:*

| % | Fr. | |
|---|---|---|
| 1,75 | 98 × 100 | |
| 1 | ――――― | = Fr. 5 600.– |
| 100 | 1,75 | |

## Berechnen des Marchzinses (Tageszins)

Ein Jahr hat 365 Tage, im Schaltjahr 366. Für die Zinsrechnung hat man die Berechnung der Tage vereinfacht: Man rechnet jeden Monat mit 30 Tagen (unabhängig vom Kalender) und das Jahr somit zu 360 Tagen. Dies gilt für den gesamten deutschen Sprachbereich. Man spricht deshalb von der deutschen Usanz (Usanz kommt vom lateinischen usus: der Brauch).

1 Jahr hat 12 Monate oder 360 Tage.

1 Monat hat 30 Tage.

Der letzte Tag eines Monats ist immer der 30. Es spielt keine Rolle, ob es sich um den 31. Januar oder den 28. Februar handelt.

*Beispiel 4: Marchzins (Tageszins) gesucht*

*Ein Kapital von Fr. 6400.– ist vom 12. Januar bis zum 31. März auf einer Bank angelegt. Der Zinsfuss beträgt 3%. Wie hoch ist der Marchzins?*

*Vorgehen: Berechnen Sie zuerst die Anzahl Tage. Danach mit zwei Dreisätzen den Zins. Der erste Dreisatz soll immer den Jahreszins berechnen.*

*Lösung:*

| | |
|---|---|
| *Januar: 30–12 =* | *18 Tage (Der Januar hat also nicht wie nach Kalender 31 Tage)* |
| *Februar:* | *30 Tage (nicht 28 wie nach Kalender)* |
| *März:* | *30 Tage (nicht 31)* |
| *Total* | *78 Tage* |

| | | | |
|---|---|---|---|
| *Gegeben:* | *100%* | = | *Fr. 6400.–* |
| *Gesucht:* | *3%* | = | *Fr. ?* |

*Dreisatz 1:*

| | | | | |
|---|---|---|---|---|
| | **100 %** | — | **Fr. 6400.–** | |
| : 100 ↓ | | | | ↓ : 100 |
| | **1%** | — | **Fr. 64.–** | |
| × 3 ↓ | | | | ↓ × 3 |
| | **3 %** | — | **Fr. 192.–** | |

*T-Balken 1:*

| % | Fr. | |
|---|---|---|
| 100 | 6400 × 3 | |
| 1 | ――― | = Fr. 192.– Jahreszins |
| 3 | 100 | |

| | | | |
|---|---|---|---|
| *Gegeben:* | *360 Tage* | = | *Fr. 192.–* |
| *Gesucht:* | *78 Tage* | = | *Fr. ?* |

*Dreisatz 2:*

| | | | | |
|---|---|---|---|---|
| | **360 T.** | — | **Fr. 192.–** | |
| : 360 ↓ | | | | ↓ : 360 |
| | **1 T.** | — | **Fr. 0.53** | |
| × 78 ↓ | | | | ↓ × 78 |
| | **78 T.** | — | **Fr. 41,60** | |

*T-Balken 2:*

| T. | Fr. | |
|---|---|---|
| 360 | 192 × 78 | |
| 1 | ――― | = Fr. 41.60 Marchszins |
| 78 | 360 | |

## Verrechnungssteuer

In der Schweiz kommen nur 65 % des Zinsertrags zur Auszahlung: Zinsgutschriften auf einem Bankkonto werden mit 35 % Verrechnungssteuer belastet, um Steuerhinterziehungen vorzubeugen. Dieser Zinsabzug kann mit der nächsten Steuererklärung zurückgefordert werden.

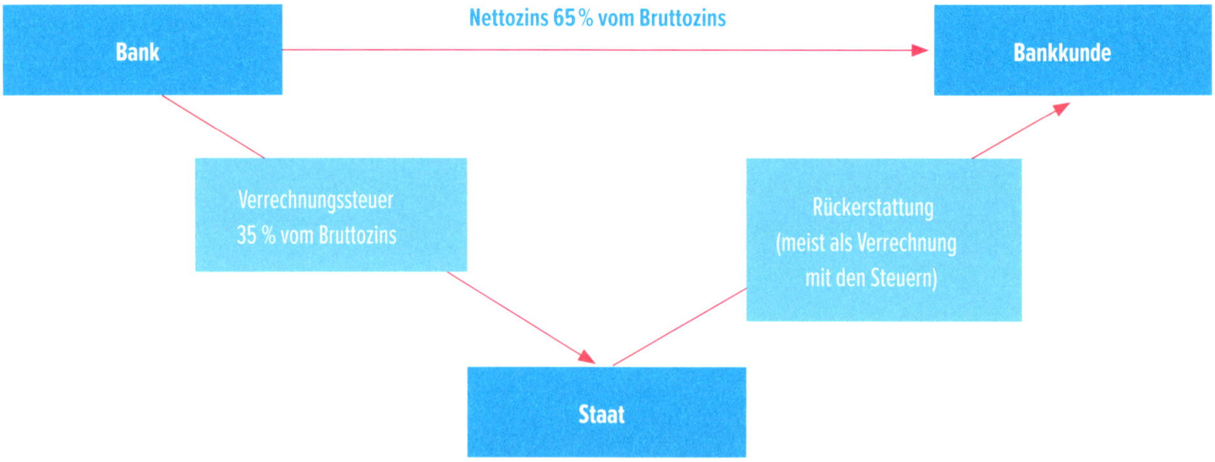


Zinsen auf Sparkonten oder Depositenkonten unter Fr. 200.– sind vom Verrechnungssteuerabzug befreit, müssen aber trotzdem in der Steuererklärung angegeben werden.

*Beispiel 5: Nettozins gesucht*

*Ein Kapital von Fr. 9800.– wird zu 4,75 % verzinst. Es ist am 17. Februar einbezahlt worden. Berechnen Sie die Nettozinsgutschrift (Netto-Marchzins) per 31. Dezember.*

*Lösung:*

| | | | |
|---|---|---|---|
| *Februar: 30 – 17 Tage* | = | *13 Tage* | *(Der Februar hat nicht wie nach Kalender 28 oder 29 Tage)* |
| *März – Dezember: 10 Monate* | = | *300 Tage* | |
| *Total* | | *313 Tage* | |

*Gegeben:* *360 Tage* = *Fr. 465.50*
*Gesucht:* *313 Tage* = *Fr. ?*

*Dreisatz 1:*

| | | | |
|---|---|---|---|
| : 360 | 360 T. | — | Fr. 465.50 |
| × 313 | 1 T. | — | Fr. 1.29 |
| | 313 T. | — | Fr. 404.73 |

*T-Balken 1:*

| T. | Fr. |
|---|---|
| 360 | 465.50 × 313 |
| 1 | |
| 313 | 360 |

= Fr. 404.73 Brutto-Marchszins

*Gegeben:* *100 %* = *Fr. 404.73*
*Gesucht:* *65 %* = *Fr. ?*

*Dreisatz 2:*

| | | | |
|---|---|---|---|
| | 100 % | — | Fr. 404.73 | |
| : 100 | 1 % | — | Fr. 4.0473 | : 100 |
| × 65 | 65 % | — | Fr. 263.07 | × 65 |

*T-Balken 2:*

| % | Fr. |
|---|---|
| 100 | 404.73 × 65 |
| 1 | |
| 65 | 100 |

$$\frac{404.73 \times 65}{100} = \text{Fr. } 263.07 \text{ Netto-Marchszins}$$

| | | |
|---|---|---|
| | *Brutto-Marchzins* | *Fr. 404.73* |
| – | *Verrechnungssteuer (35 % vom Brutto-Marchzins)* | *Fr. 141.66* |
| | *Netto-Marchzins* | *Fr. 263.07* |

**19.1 Bestimmen Sie jeweils die Anzahl Tage.**

a) 20. Februar bis 7. Juni = ......................................................

b) 2. März bis 2. August = ......................................................

c) 17. April bis 9. Dezember = ......................................................

d) 29. Juli bis 21. Oktober = ......................................................

e) 10. Januar bis 15. Mai = ......................................................

f) 15. September bis 19. November = ......................................................

**19.2 Ein Detaillist erhält einen Betriebskredit von Fr. 55 000.– zu 7,5 % Zins. Berechnen Sie:**

a) den Jahreszins (auf fünf Rappen genau),
b) den Quartalszins (Zins für drei Monate).

**19.3 Karin Toller hat ein Bankguthaben von Fr. 8 200.–. Welches ist ihr Jahreszins bei einem Zinsfuss von 1,25 %?**

**19.4 Liridona Zuber zahlt für ihren Konsumkredit während einem Jahr Zinsen von Fr. 426.– pro Monat. Wie gross ist der Kredit, den Liridona aufgenommen hat, wenn ihr 9,5 % Zins belastet werden? Geben Sie das Resultat auf ganze Franken genau an.**

**19.5 Heidi Roos möchte sich ein Auto kaufen. Sie hat Fr. 8 000.– Erspartes und will für den Kaufpreis ihres Traumautos von Fr. 18 000.– für die fehlenden Fr. 10 000.– einen Bankkredit aufnehmen. In einem Jahr würde sie den Bankkredit dann zurückzahlen. Die Bank verlangt für Kredite 9 % Zins.**

a) Wie viel wird der Autokauf Heidi Roos insgesamt kosten?

b) Aufgrund einer Lohnerhöhung kann Heidi Roos den ab dem 3. März laufenden Kredit bereits am 24. November – früher als geplant – wieder zurückzahlen. Wie viel Geld überweist sie der Bank?

**19.6 Ihr Freund benötigt zusätzliches Kapital. Sein Onkel ist bereit, ihm ein Darlehen von Fr. 150 000.– zu gewähren. Der Darlehenszins beträgt 8,25 %.**

a) Berechnen Sie den Jahreszins.
b) Ihr Freund benötigt den Kredit seines Onkels schliesslich nur vom 5. Januar bis zum 23. August. Wie viel Zins überweist er somit an seinen Onkel?

**19.7 Sie eröffnen am 20. Februar ein Sparheft mit CHF 6 500.–. Während des Jahres erfolgen weder Einlagen noch Rückzüge. Der Zinssatz beträgt 1,75 %. Der Abschluss des Sparhefts erfolgt am 31. Dezember. Die Verrechnungssteuer ist nicht zu berücksichtigen. Berechnen Sie jeweils auf fünf Rappen genau:**

a) den Jahreszins,
b) den Zinsertrag,
c) das Guthaben am 31. Dezember.

**19.8 Berechnen Sie jeweils die fehlende Grösse. Die Verrechnungssteuer ist nicht zu berücksichtigen. Der Lösungsweg ist anzugeben und die Frankenbeträge sind auf einen Rappen genau zu runden.**

| | *Kapital* | *Zinsfuss* | *Zins* | *Tage* |
|---|---|---|---|---|
| a) | Fr. 57 600.– | 1 ¼ % | Fr. 148.– | ? |
| b) | Fr. 24 804.– | 1 ¾ % | ? | 140 |
| c) | Fr. 95 600.– | ? | Fr. 682.50 | 167 |
| d) | ? | 4 ½ % | Fr. 1 756.60 | 312 |

**19.9 Sie haben im März im Lotto gewonnen und eröffnen am 20. April ein Sparheft mit CHF 85 000.–. Während des Jahres erfolgen weder Einlagen noch Rückzüge. Der Zinssatz beträgt 2,25 %. Der Abschluss des Sparheftes erfolgt am 31. Dezember. Berechnen Sie jeweils auf fünf Rappen genau:**

a) den Bruttozins
b) den Nettozins,
c) die Verrechnungssteuer,
d) das Guthaben am 31. Dezember.

**19.10 Nico vergleicht mit Carol die Bedingungen ihrer Bankkonten.**

| | *Kontostand* | *Verzinsung letztes Jahr* |
|---|---|---|
| Carol | 7 400.– | Fr. 203.50 brutto |
| Nico | 2 200.– | 2,25 % |

a) Zu welchem Zinssatz wurde Carols Guthaben verzinst?
b) Welcher Nettozins wurde Carol gutgeschrieben?
c) Nico überlegt sich einen Wechsel zur Bank von Carol. Welchen Gesamtbruttozins kann er bei den gleichen Bedingungen erwarten?

**19.11 Stefano vergleicht mit Stephanie die Bedingungen ihrer Bankkonten.**

| | *Kontostand* | *Verzinsung letztes Jahr* |
|---|---|---|
| Stephanie | 7 500.– | Fr. 187.50 brutto |
| Stefano | 2 500.– | 2,0 % |

a) Zu welchem Zinssatz wurde Stephanies Guthaben verzinst?
b) Stefano überlegt sich einen Wechsel zur Bank von Stephanie. Welchen Gesamtbruttozins kann er bei den gleichen Bedingungen erwarten?

**19.12 Sie eröffnen am 29. Februar ein Sparheft mit Fr. 24 600.– Kapital. Wie gross ist Ihr Guthaben Ende Jahr samt Zins nach Abzug von 35 % Verrechnungssteuer, wenn der Zinsfuss 3 % beträgt?**

**19.13** Vom 31. März bis zum 31. August erhalten Sie für Fr. 21 000.– 3 % Zins. Ab dem 31. August wird der Zinsfuss auf 4 % erhöht. Berechnen Sie den Nettozins am Ende des Jahres nach Abzug von 35 % Verrechnungssteuer.

**19.14** Eva Thaler hat ein Vermögen von Fr. 268 400.–. Vom Ertrag dieses Kapitals gibt sie monatlich Fr. 760.– aus und kann Ende Jahr erst noch Fr. 5 642.– auf die Seite legen. Zu welchem Zinsfuss hat sie ihr Vermögen angelegt (ohne die Verrechnungssteuer zu berücksichtigen)?

**19.15** Elio Altare hat Fr. 192 600.– geerbt. Vom Ertrag dieser Erbschaft kann er monatlich Fr. 540.– ausgeben und Ende Jahr erst noch Fr. 2 187.– auf die Seite legen. Zu welchem Zinsfuss hat er das geerbte Geld angelegt (ohne die Verrechnungssteuer zu berücksichtigen)?

**19.16** Rita Jotterand nimmt am 21. Februar einen Kredit von Fr. 4 260.– zu 8,5 % auf. Sie zahlt diesen mit Fr. 123.70 Zins zurück. An welchem Datum hat sie die Rückzahlung getätigt?

**19.17 Berechnen Sie jeweils die fehlenden Grössen. Nehmen Sie bei dieser Aufgabe an, dass die Verrechnungssteuer auch auf Zinsen unter 200 Franken erhoben wird. Geben Sie den Lösungsweg für alle Rechenschritte an und runden Sie Frankenbeträge auf fünf Rappen genau.**

| | *Kapital* | *Zinsfuss* | *Periode* | *Bruttozins* | *Verrechnungssteuer* | *Nettozins* |
|---|---|---|---|---|---|---|
| a) | Fr. 4200.– | 3 ¼ % | Quartal | ? | ? | ? |
| b) | ? | 2 ¾ % | Jahr | ? | ? | Fr. 156.50 |
| c) | Fr. 3400.– | 3 ¾ % | 15.04. – 27.12. | ? | ? | ? |
| d) | Fr. 3600.– | ? | Jahr | ? | Fr. 37.25 | ? |
| e) | ? | 4 % | 70 Tage | ? | ? | Fr. 46.85 |
| f) | ? | 2 ¼ % | Semester | ? | Fr. 164.75 | ? |

# 20 STATISTIK

Statistik ist die Lehre von Methoden zur Gewinnung, Charakterisierung und Beurteilung von zahlenmässigen Informationen über die Wirklichkeit. Statistik handelt davon, wie man eine Vielzahl von Einzeltatsachen in zusammenfassender Weise beschreiben und welche Schlüsse man aus einer solchen Beschreibung ziehen kann. Statistik ist angewandte Mathematik.

Aufgaben der Statistik:

- Das Aufzeichnen aller wichtigen Betriebsvorkommnisse.
- Die übersichtliche Darstellung des Betriebsgeschehens.
- Vergleiche mit früheren Jahren und/oder anderen Betrieben.
- Ergebnispräsentation (Tabellen, Grafiken, Ergebnisinterpretation, Veröffentlichungen, statistische Datenbanken).

Das statistische Material stammt aus der Buchhaltung, dem Personalwesen oder von Befragungen (Primäre Marktforschung, Field research). Auch Material aus Veröffentlichungen von Fachverbänden oder statistischen Ämtern werden verwendet und/oder neu aufbereitet.

## Arbeitsmittel der Statistik

Die Statistik wird als Kontrollinstrument und Entscheidungsgrundlage für alle wichtigen betrieblichen Ereignisse verwendet. Folgende Arbeitsmittel (Darstellungsarten) sind anzutreffen:

- Tabellen: Eine Tabelle zeigt Zahlen und Daten vollständig ohne grafische Darstellung auf.
- Kurvendiagramm (Liniendiagramm): Grafische Darstellung (Fieberkurve), bei der man den ungefähren Verlauf der dargestellten Sache (Umsätze, Kundenfrequenzen) auf einen Blick sieht.
- Balken- oder Stabdiagramm: Grafische Darstellung, die Zu- und Abnahmen (Umsatzzuwachs oder Umsatzeinbussen) aufzeigt.
- Kreisdiagramm: Grafische Darstellung, bei der eine Verteilung zwischen Teilen und dem Ganzen ersichtlich ist (z. B. Umsätze nach Sparten, nach Perioden oder nach Branchen).

*Beispiele:*

*Tabelle: Vergleich der Halbjahresumsätze von fünf Detailhandelsbetrieben:*

| | *Januar* | *Februar* | *März* | *April* | *Mai* | *Juni* | *Total* |
|---|---|---|---|---|---|---|---|
| *Dstore* | *243 466* | *202 260* | *288 329* | *189 322* | *198 325* | *240 944* | *1 362 646* |
| *Trendshop* | *319 399* | *189 233* | *328 311* | *220 988* | *213 122* | *160 412* | *1 431 465* |
| *Top-fashion* | *498 877* | *130 348* | *288 293* | *166 329* | *312 900* | *291 981* | *1 688 728* |
| *Abracadabra* | *102 300* | *439 124* | *28 319* | *239 123* | *401 322* | *255 321* | *1 465 509* |
| *Raw n'cool* | *156 580* | *390 983* | *103 213* | *591 129* | *351 233* | *120 323* | *1 713 461* |
| | *1 320 622* | *1 351 948* | *1 036 465* | *1 406 891* | *1 476 902* | *1 068 981* | |

*Kurvendiagramm (Liniendiagramm):*

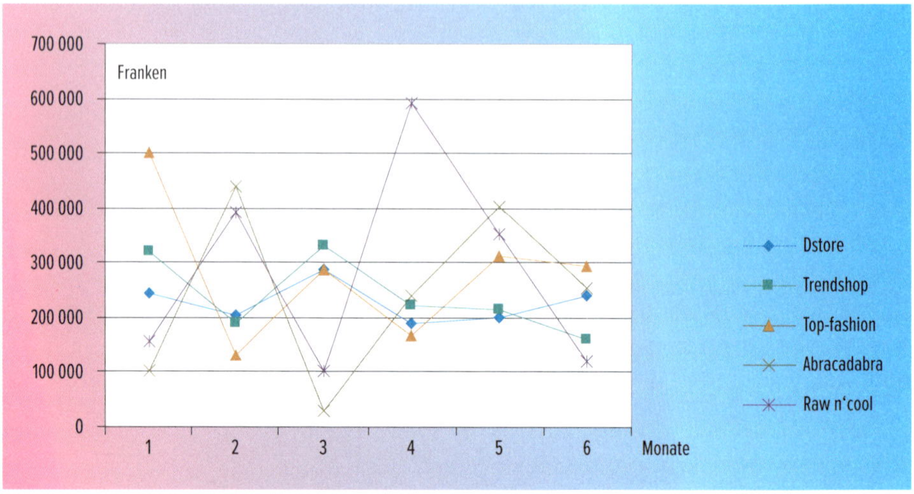


*Balken- oder Stabdiagramm:*

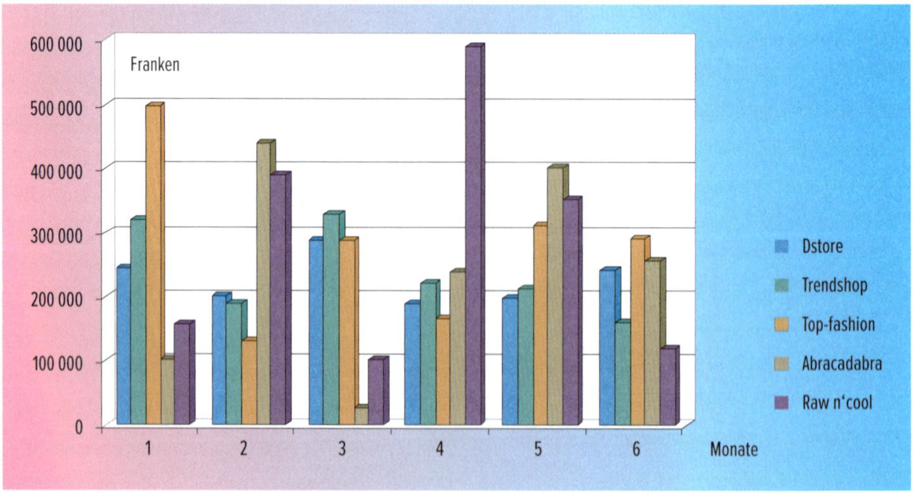

*Kreisdiagramm:*

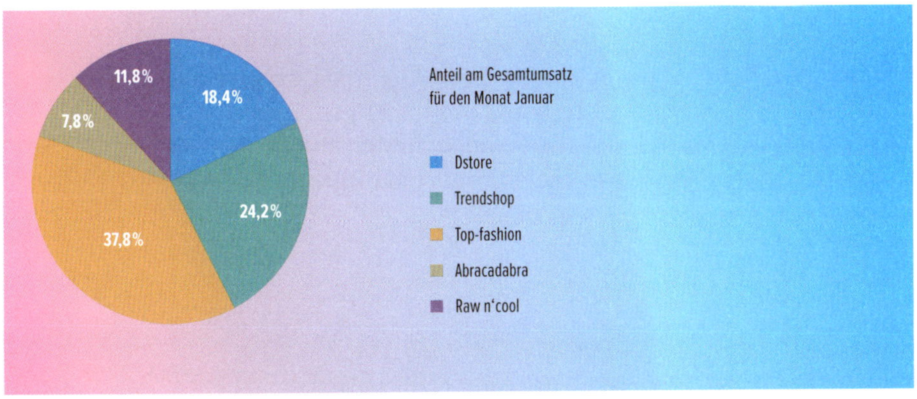

**20.1 Im Jahr 2020 hat die Schweiz knapp 20 % ihrer Exporte nach Deutschland geliefert. Deutschland ist somit der wichtigste Exportpartner der Schweiz. Stellen Sie die untenstehenden Zahlen zu den fünf wichtigsten Exportpartnern der Schweiz in einem Kreisdiagramm dar.**

| | | | |
|---|---|---|---|
| Deutschland | 20 % | Italien | 6 % |
| USA | 18 % | Frankreich | 5 % |
| China | 7 % | Übrige | 42 % |

**Stellen Sie diese Zahlen in einem Kreisdiagramm dar.**

**20.2 Im Jahr 2020 hat die Schweiz knapp 30 % ihrer Importe aus Deutschland eingeführt. Deutschland ist somit der wichtigste Importpartner der Schweiz. Stellen Sie die untenstehenden Zahlen zu den fünf wichtigsten Importpartnern der Schweiz in einem Kreisdiagramm dar.**

| | | | |
|---|---|---|---|
| Deutschland | 30 % | Frankreich | 7 % |
| Italien | 10 % | Übrige | 39 % |
| China | 9 % | | |

**20.3 Ein Warenhaus erzielte im letzten Jahr folgende Umsatzzahlen in Franken:**

| | |
|---|---|
| Haushaltabteilung | 1 786 422 |
| Food-Abteilung | 3 142 176 |
| DOB (Damenoberbekleidung) | 2 842 309 |
| Parfümerie | 986 766 |
| HaKa (Herrenkonfektion) | 1 677 410 |

a) Stellen Sie diese Zahlen in einem Kreisdiagramm dar.

b) Stellen Sie diese Umsätze in einem Stab- oder Balkendiagramm dar.

c) Wie sähe das Kreisdiagramm aus, wenn man die Food-Abteilung schliessen würde?

**20.4 Ein Filialgeschäft erzielte im letzten Jahr seine Umsätze regional wie folgt:**

| | |
|---|---|
| Deutschschweiz | 75 % |
| Französische Schweiz | 15 % |
| Italienische Schweiz | 8 % |
| Rätoromanische Schweiz | 2 % |

a) Welche statistische Darstellung ist dafür geeignet, diese Umsätze grafisch darzustellen?

b) Stellen Sie diese Umsätze mit Ihrem Vorschlag grafisch dar.

**20.5 Ein Fachmarkt präsentiert folgende Lohnsummen (in Franken):**

| | |
|---|---|
| Einkauf | 186 400 |
| Rechnungswesen | 121 220 |
| Verwaltung | 160 410 |
| Verkauf | 322 600 |

a) Erstellen Sie mit diesen Zahlen ein Stab- oder Balkendiagramm.

b) Erstellen Sie mit diesen Zahlen ein Kreisdiagramm.

**20.6 Nehmen Sie an, der Euro-Franken-Kurs schwankte wie folgt:**

| | | | |
|---|---|---|---|
| 31. Januar | 1.21 | 31. Juli | 1.02 |
| 28. Februar | 1.18 | 31. August | 0.99 |
| 31. März | 1.12 | 30. September | 1.02 |
| 30. April | 1.16 | 31. Oktober | 1.07 |
| 31. Mai | 1.08 | 30. November | 1.05 |
| 30. Juni | 1.11 | 31. Dezember | 1.03 |

**Stellen Sie diesen Kursverlauf grafisch dar.**

**20.7 Ein Supermarkt präsentiert folgende Umsatzentwicklung (Zahlen in Franken):**

| 1. Food | Vorjahr | aktuell |
|---|---|---|
| Kolonialwaren | 421 626 | 512 037 |
| Backwaren | 517 440 | 498 912 |
| Metzgerei | 312 618 | 360 522 |
| Früchte/Gemüse | 406 712 | 378 231 |
| Getränke | 604 880 | 576 392 |

| 2. Non-Food | Vorjahr | aktuell |
|---|---|---|
| Schuhe | 204 619 | 212 434 |
| Papeterieartikel | 198 717 | 204 310 |
| Kleider, Wäsche | 304 212 | 301 992 |
| Haushalt | 254 321 | 259 617 |
| Elektro | 142 119 | 138 431 |

**Erstellen Sie auf einem separaten Blatt (oder in Excel) folgende Diagramme:**

a) Stellen Sie diese Zahlen als Balkendiagramm dar, gesondert nach 1. Food und 2. Non-Food, dabei sollen sowohl das Vorjahr als auch das aktuelle Jahr dargestellt werden.

b) Zeigen Sie die prozentuale Verteilung der Umsätze als Kreisdiagramm, getrennt nach 1. Food und 2. Non-Food-Artikeln, dies jeweils für das Vorjahr und das aktuelle Jahr.